Mário Mascarenhas

O MELHOR DA MÚSICA POPULAR BRASILEIRA

com cifras para: piano, órgão, violão e acordeon

100 sucessos

VOL. II

Nº Cat.: 219-A

Irmãos Vitale S.A. Indústria e Comércio
www.vitale.com.br
Rua França Pinto, 42 Vila Mariana São Paulo SP
CEP: 04016-000 Tel.: 11 5081-9499 Fax: 11 5574-7388

© Copyright 1982 by Irmãos Vitale S.A. Ind. e Com. - São Paulo - Br
Todos os direitos autorais reservados para todos os países. *All rights*

DADOS INTERNACIONAIS DE CATALOGAÇÃO NA PUBLICAÇÃO (CIP)
(Câmara Brasileira do Livro, SP, Brasil)

Mascarenhas, Mário
O Melhor da Música Popular Brasileira : com cifras para piano, órgão, violão e acordeon
Volume 2 / Mário Mascarenhas – São Paulo : Irmãos Vitale

ISBN 85-85188-43-X
ISBN 978-85-85188-43-6

1. Acordeon – estudo e ensino
2. Música – estudo e ensino
3. Música popular (canções etc.) – Brasil
4. Órgão – estudo e ensino
5. Piano – estudo e ensino
6. Violão – estudo e ensino
    I. Título

97-0938   CDD-780.42098107

Índices para catálogo sistemático:

1.   Música Popular Brasileira: estudo e ensino   780.42098107

Mário Mascarenhas

Mário Mascarenhas é o autor desta magnífica
enciclopédia musical, que por certo irá encantar
não só os músicos brasileiros como também os
músicos de todo mundo, com estas verdadeiras e
imortais obras primas de nossa música

Ilustração original da capa - LAN

PREFÁCIO

Como um colar de pérolas, diamantes, safiras, esmeraldas, o Professor Mário Mascarenhas junta, nesta obra, as verdadeiras e imortais obras primas da Música Popular Brasileira, em arranjos para piano mas que também podem ser executados por órgão, violão e acordeon. A harmonização foi feita com encadeamento moderno de acordes.

Quando se escrever a verdadeira História da Música Popular Brasileira, um capítulo terá de ser reservado a Mário Mascarenhas. Em todo o seu trabalho ele só tem pensado na música popular do seu país. Horas a fio pesquisando, trabalhando, escrevendo música, ele se tornou o verdadeiro defensor de nossos ritmos, consagrando-se em todas as obras que já editou de nossa cultura musical.

A coleção, "O MELHOR DA MÚSICA POPULAR BRASILEIRA", compõe-se de 10 volumes contendo cada um 100 sucessos ocorridos nos últimos 60 anos, mostrando tudo o que se compôs no terreno popular desde 1920. Esta extraordinária coleção, contém, no seu total, 1000 músicas populares brasileiras.

A Editora Vitale, que agradece a colaboração das editoras que se fizeram presentes nesta obra, escolheu o Professor Mário Mascarenhas, não só pelo seu extraordinário talento musical demonstrado há mais de quarenta anos, como, também, pela excelência de seus arranjos e pela qualidade que ele imprime ao trabalho que realiza. São arranjos modernos, o que prova a atualidade do Professor, à sua percepção do momento, porque, para ele, os anos se foram apenas no calendário. Mário Mascarenhas continua jovem com seu trabalho, dentro de todos os padrões musicais em melodias que já passaram e de outras que ainda estão presentes.

Mascarenhas diz que o samba, com seu ritmo sincopado e exótico que circula em nosso sangue, atravessa nossas fronteiras e vai encantar outros povos, com sua cadencia e ginga deliciosas. E a música popular brasileira, no seu entender é a alma do povo que traduz o nosso passado através dos seus ritmos sincopados, que herdamos dos cantos langorosos dos escravos trazidos em navios-negreiros, com seus batuques, lundus, maracatus, congadas, tocados e cantados nas senzalas.

Nossa Música Popular se origina também dos cantos guerreiros e danças místicas de nossos índios e principalmente na música portuguesa transmitida pelos jesuítas e colonizadores, como sejam as cantigas de roda, fados e modinhas falando de amor.

Diz ainda o Professor Mascarenhas que a nossa música popular é inspirada também nas valsas, quadrilhas, xotes, marchas e polcas, dançadas pelas donzelas de anquinhas, tudo como se fosse uma exposição de quadros de Debret, pintados com palheta multicor de tintas sonoras.

Hoje, cada vez mais incrustada em nosso sangue, a nova Música Popular Brasileira surge modernizada, com roupagem, estrutura e forma, criados por inúmeros compositores atuais, alicerçados, porém nas velhas raízes populares. Os arranjos foram feitos especialmente para esta obra.

A Editora Vitale tem, portanto, orgulho de apresentar "O Melhor da Música Popular Brasileira" em um trabalho do Professor Mário Mascarenhas. Agradecimentos a todos os autores e todas as editoras que vieram colaborar nesta autêntica enciclopédia musical, a primeira que é apresentada no Brasil.

Everardo Guilhon

HOMENAGEM

Dedico esta obra, como uma "Homenagem Póstuma", ao grande incentivador de nossa Música Popular Brasileira, o Sr. Emílio Vitale.

AGRADECIMENTOS

Com o mais alto entusiasmo, agradeço aos meus grandes amigos que colaboraram com tanta eficiência, trabalho e carinho nos arranjos desta obra.

Foram eles: Thomaz Verna, diretor do Departamento Editorial de Irmãos Vitale, a Pianista Professora Belmira Cardoso, o conceituado Maestro José Pereira dos Santos e o notável Maestro e Arranjador Ely Arcoverde.

Numa admirável comunhão de idéias, cada um demonstrou sua competência e entusiasmo, compreendendo o meu pensamento e a minha ânsia de acertar e de realizar este difícil trabalho em prol de nossa Música Popular Brasileira.

À FERNANDO VITALE

Ao terminar esta obra, empolgado pela beleza e variedade das peças, as quais são o que há de melhor de nosso Cancioneiro Popular, deixo aqui minhas palavras de congratulações ao Fernando Vitale, idealizador desta coleção.

Além de me incentivar a elaborar este importante e grande trabalho, Fernando Vitale, foi verdadeiramente dinâmico e entusiasta, não poupando esforços para que tudo se realizasse com esmero e arte.

Ele idealizou e realizou, prevendo que esta coleção seria de grande utilidade para os amantes de nossa Maravilhosa Música Popular Brasileira.

À LARRIBEL E Mº MOACYR SILVA

Aos amigos Larribel, funcionário de Irmãos Vitale e Mº Moacyr Silva, meus agradecimentos pelo imenso trabalho que tiveram na escolha e seleção conscienciosa das peças.

ÀS EDITORAS DE MÚSICA

Não fôra a cooperação e o espírito de solidariedade de todas as EDITORAS, autorizando a inclusão de suas belas e imortais páginas de nossa música, esta obra não seria completa.

Imensamente agradecido, transcrevo aqui os nomes de todas elas, cujo pensamento foi um só: enaltecer e difundir cada vez mais nossa extraordinária e mundialmente admirada MÚSICA POPULAR BRASILEIRA!

ALOISIO DE OLIVEIRA
ANTONIO CARLOS JOBIM
ARY BARROSO
BADEN POWELL
"BANDEIRANTE" EDITORA MUSICAL LTDA
"CARA NOVA" EDITORA MUSICAL LTDA
"CRUZEIRO" MUSICAL LTDA
CARLOS LYRA
CHIQUINHA GONZAGA
EBRAU
"ECRA" REALIZAÇÕES ARTÍSTICAS LTDA
EDIÇÕES "EUTERPE" LTDA
EDIÇÕES "INTERSONG" LTDA

EDIÇÕES MUSICAIS "HELO" LTDA
EDIÇÕES MUSICAIS "MOLEQUE" LTDA
EDIÇÕES MUSICAIS "PÉRGOLA" LTDA
EDIÇÕES MUSICAIS "SAMBA" LTDA
EDIÇÕES MUSICAIS "SATURNO" LTDA
EDIÇÕES MUSICAIS "TAPAJÓS" LTDA
EDIÇÕES MUSICAIS "TEMPLO" LTDA
EDIÇÕES "TIGER" MÚSICA E DISCO LTDA
EDITORA "ARTHUR NAPOLEÃO" LTDA
EDITORA CLAVE MUSICAL LTDA
EDITORA "COPACOR" LTDA
EDITORA DE MÚSICA "INDUS" LTDA
EDITORA DE MÚSICA "LYRA" LTDA
EDITORA "DRINK" LTDA
EDITORA "GAPA-SATURNO" LTDA
EDITORA GRÁFICA E FONOGRÁFICA "MARÉ" LTDA
EDITORA MUSICAL "AMIGOS" LTDA
EDITORA MUSICAL "ARLEQUIM" LTDA
EDITORA MUSICAL "ARAPUÃ" LTDA
EDITORA MUSICAL BRASILEIRA LTDA
EDITORA MUSICAL "PIERROT" LTDA
EDITORA MUSICAL "RCA" LTDA
EDITORA MUSICAL "RCA JAGUARÉ" LTDA
EDITORA MUSICAL "RCA LEME" LTDA
EDITORA MUSICAL "RENASCÊNÇA" LTDA
EDITORA "MUNDO MUSICAL" LTDA
EDITORA "NOSSA TERRA" LTDA
EDITORA "RIO MUSICAL" LTDA
EDITORA MUSICAL "VIÚVA GUERREIRO" LTDA
ERNESTO AUGUSTO DE MATTOS (E. A. M.)
ERNESTO DORNELLAS (CANDOCA DA ANUNCIAÇÃO)
FERMATA DO BRASIL LTDA
"FORTALEZA" EDITORA MUSICAL LTDA
"GRAÚNA" EDIÇÕES MUSICAIS LTDA
GUITARRA DE PRATA INSTRUMENTOS DE MÚSICA LTDA
HENRIQUE FOREIS (ALMIRANTE)
I.M.L. — TUPY — CEMBRA LTDA
ITAIPU EDIÇÕES MUSICAIS LTDA
JOÃO DE AQUINO
"LEBLON" MUSICAL LTDA
"LOUÇA FINA" EDIÇÕES MUSICAIS LTDA
"LUANDA" EDIÇÕES MUSICAIS LTDA
MANGIONE & FILHOS CO. LTDA
MELODIAS POPULARES LTDA
"MUSIBRAS" EDITORA MUSICAL LTDA
"MUSICLAVE" EDITORA MUSICAL LTDA
"MUSISOM" EDITORA MUSICAL LTDA
PÃO E POESIA" EDIÇÕES MUSICAIS LTDA
PAULO CESAR PINHEIRO
RICORDI BRASILEIRA LTDA
"SEMPRE VIVA" EDIÇÕES MUSICAIS LTDA
"SERESTA" EDIÇÕES MUSICAIS LTDA
"TODAMERICA" MÚSICA LTDA
"TONGA" EDITORA MUSICAL LTDA
"TRÊS MARIAS" EDITORA MUSICAL LTDA
"TREVO" EDITORA MUSICAL LTDA

Mário Mascarenhas

Índice

	Pág.
AÇAI — Djavan	14
A DISTÂNCIA — Roberto Carlos e Erasmo Carlos	24
A FLOR E O ESPINHO — Nelson Cavaquinho, G. de Brito e A. Caminha	218
A MONTANHA — Fox — Roberto Carlos e Erasmo Carlos	8
ANDRÉ DE SAPATO NOVO — Choro — André Victor Correia	216
ATÉ AMANHÃ — Samba — Noel Rosa	110
ATÉ PENSEI — Canção — Chico Buarque de Hollanda	56
ATRÁS DO TRIO ELÉTRICO — Caetano Veloso	120
A VIDA DO VIAJANTE — Xóte Baião — Luiz Gonzaga e Hervê Cordovil	236
BATIDA DIFERENTE — Samba Bossa — Durval Ferreira e Maurício Einhorn	114
BLOCO DA SOLIDÃO — Marcha Rancho — Ewaldo Gouveia e Jair Amorim	140
BONECA — Valsa — Benedito Lacerda e Aldo Cabral	54
BREJEIRO — Choro — Ernesto Nazareth	244
CHEIRO DE SAUDADE — Samba — Djalma Ferreira e Luiz Antonio	154
CHICA DA SILVA — Samba — Anescar e Noel Rosa de Oliveira	102
CHOVE CHUVA — Samba — Jorge Ben	144
CHUVA, SUOR E CERVEJA — Frêvo — Caetano Veloso	72
CHUVAS DE VERÃO — Samba Canção — Fernando Lobo	92
CADEIRA VAZIA — Samba Canção — Lupicínio Rodrigues e Alcides Gonçalves	238
CANÇÃO DO AMANHECER — Edu Lobo e Vinícius de Moraes	168
CANTO DE OSSANHA — Baden Powell e Vinícius de Moraes	96
DA COR DO PECADO — Samba Choro — Bororó	202
DINDI — Samba Canção — A. C. Jobim e Aloisio de Oliveira	226
DOMINGO NO PARQUE — Baião — Gilberto Gil	176
ELA É CARIOCA — A. C. Jobim e Vinícius de Moraes	186
EU SONHEI QUE TU ESTAVAS TÃO LINDA — Valsa — Lamartine Babo e Francisco Matoso	207
EXALTAÇÃO À BAHIA — Samba — Vicente Paiva e Chianca de Garcia	26
EXALTAÇÃO À TIRADENTES — Mano Décio, Penteado e Estanislau Silva	138
FÉ — Fox-Trot — Roberto Carlos e Erasmo Carlos	46
FEITIÇO DA VILA — Samba — Vadico e Noel Rosa	130
FOI A NOITE — Samba Canção — A. C. Jobim e Newton Mendonça	158
FOLHAS MORTAS — Samba Canção — Ary Barroso	82
FORÇA ESTRANHA — Caetano Veloso	30
GALOS, NOITES E QUINTAIS — Belchior	180
HOJE — Canção — Taiguara	60
IMPLORAR — Samba — Kid Pepe e Germano Augusto (Gaspar)	118
INÚTIL PAISAGEM — Samba Canção — A. C. Jobim e Aloisio de Oliveira	222
JESUS CRISTO — Roberto Carlos e Erasmo Carlos	38
LAMENTOS — Choro — Pixinguinha e Vinícius de Moraes	162
LEMBRANÇAS — Roberto Carlos e Erasmo Carlos	146
MARIA NINGUÉM — Samba Toada — Carlos Lyra	212
MARINA — Samba — Dorival Caymmi	94
MAS QUE NADA — Samba — Jorge Ben	190
MEU PEQUENO CACHOEIRO — (MEU CACHOEIRO) — Toada — Raul Sampaio	241
MEU REFRÃO — Samba — Chico Buarque de Hollanda	19
MOLAMBO — Samba Canção — Jayme Florence e Augusto Mesquita	22
MULHER RENDEIRA — Baião — Adaptação e letra de Hervê Cordovil	152
MORMAÇO — Samba Canção — João Roberto Kelly	132
MULHER — Fox — Custódio Mesquita e Sadi Cabral	188
NOITE DOS MASCARADOS — Marcha-Rancho — Chico Buarque de Hollanda	165

Pág.

NO RANCHO FUNDO — Samba Canção — Ary Barroso e Lamartine Babo	210
NOVA ILUSÃO — Samba — Pedro Caetano e Claudionor Cruz	112
Ó PÉ DE ANJO — Samba — J. B. Silva (Sinhô)	52
OBSESSÃO — Samba — Mirabeau e Milton de Oliveira	172
ODEON — Choro — Ernesto Nazareth	135
O DESPERTAR DA MONTANHA — Eduardo Souto	62
OLHOS VERDES — Samba — Vicente Paiva	49
O MENINO DE BRAÇANÃ — Toada — Luis Vieira e Arnaldo Passos	124
O MUNDO É UM MOINHO — Cartola	194
ONDE ESTÃO OS TAMBORINS — Samba — Pedro Caetano	68
O ORVALHO VEM CAINDO — Samba — Noel Rosa e Kid Pepe	200
O QUE É AMAR — Samba Canção — Johnny Alf	156
PAÍS TROPICAL — Jorge Ben	192
PASTORINHAS — Marcha Rancho — Noel Rosa e João de Barro	160
PIERROT APAIXONADO — Marcha — Heitor dos Prazeres e Noel Rosa	90
PISA NA FULÔ — Baião côco — João do Vale, Ernesto Pires e S. Junior	40
PRÁ DIZER ADEUS — Canção — Edu Lobo e Torquato Neto	34
PRÁ FRENTE BRASIL — Hino — Miguel Gustavo	204
PRÁ QUE MENTIR? — Samba — Vadico e Noel Rosa	99
PRÁ SEU GOVERNO — Samba — Haroldo Lobo e Milton de Oliveira	116
PRIMAVERA — (VAI CHUVA) — Cassiano e Silvio Rochaels	228
PROPOSTA — Roberto Carlos e Erasmo Carlos	224
QUASE — Samba Canção — Mirabeau e Jorge Gonçalves	76
QUANDO EU ME CHAMAR SAUDADE — Samba — Nelson Cavaquinho e G. de Brito	183
QUEREM ACABAR COMIGO — Roberto Carlos	220
RANCHO DA PRAÇA ONZE — Marcha Rancho — J. R. Kelly e F. Anizio	36
RETALHOS DE CETIM — Samba - Benito de Paula	58
RETRATO EM BRANCO E PRETO — A. C. Jobim e Chico Buarque de Hollanda	65
RODA VIVA — Samba — Chico Buarque de Hollanda	106
SÁBADO EM COPACABANA — Samba — Dorival Caymmi e Carlos Guinle	74
SAMBA DE ORFEU — Samba — Luis Bonfá e Antonio Maria	170
SÁ MARINA — Samba — Antonio Adolfo e Tibério Gaspar	196
SAUDADES DE OURO PRETO — Valsa — Antenogenes Silva e Edmundo Lys	78
SAUDOSA MALOCA — Samba — Adoniram Barbosa	126
SE ACASO VOCÊ CHEGASSE — Samba — Lupicínio Rodrigues e F. Martins	142
SEGREDO — Samba — Herivelto Martins e Marino Pinto	149
SEM FANTASIA — Samba Bossa — Chico Buarque de Hollanda	16
TARDE EM ITAPOAN — Samba — Toquinho e Vinícius de Moraes	11
TATUAGEM — Chico Buarque de Hollanda e Ruy Guerra	80
TERRA SECA — Samba Jongo — Ary Barroso	43
TESTAMENTO — Samba — Toquinho e Vinícius de Moraes	86
TORÓ DE LÁGRIMAS — Antonio Carlos, Jocafi e Zé do Maranhão	174
TRISTEZA — Samba — Haroldo Lobo e Niltinho	214
TRISTEZAS NÃO PAGAM DÍVIDAS — Samba — Manoel Silva	84
ÚLTIMA FORMA — Baden Powell e Paulo Cesar Pinheiro	233
VAGABUNDO — Baião — Mário Mascarenhas	230
VAI LEVANDO — Samba — Chico Buarque de Hollanda e Caetano Veloso	70
VAMOS DAR AS MÃOS E CANTAR — Silvio Cesar	32
VÊ SE GOSTAS — Choro — Waldir Azevedo e Otaviano Pitanga	198
VIVO SONHANDO — Samba Bossa Nova — Antonio Carlos Jobim	122

A montanha

Fox

Roberto Carlos e
Erasmo Carlos

© Copyright 1972 by Editora Mundo Musical Ltda.
Todos os direitos autorais reservados - All rights reserved.

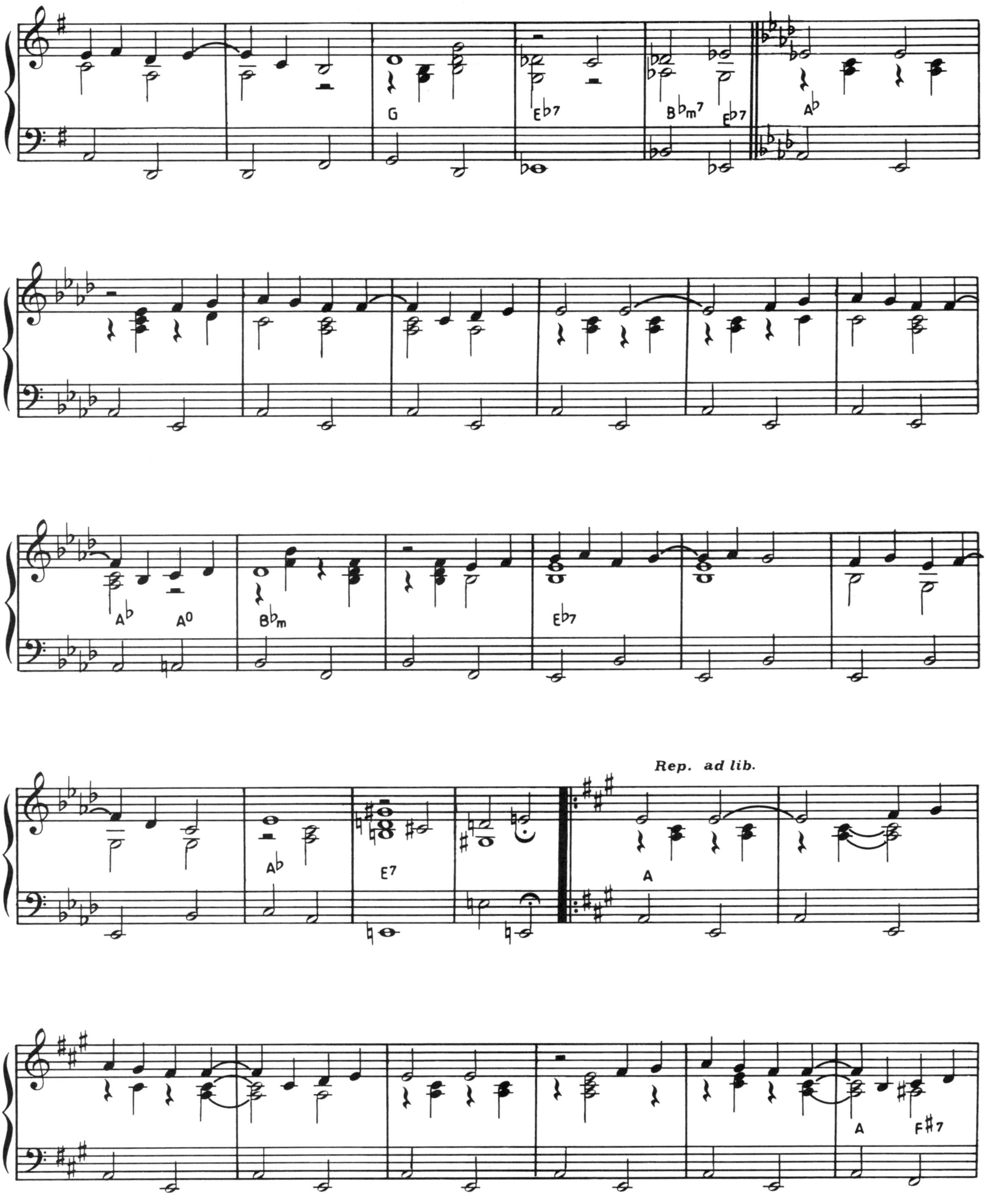
G
E♭7
B♭m7
E♭7
A♭
A♭
A0
B♭m
E♭7
Rep. ad lib.
A♭
E7
A
A
F♯7

TOM — SOL MAIOR
G   D7   G

Introdução: *G (2 compassos de Ritmo)*

       G   *G*   *G#°*   *Am*
Eu vou seguir uma luz lá no alto, eu vou ouvir uma voz que me chama eu vou subir
D7   *G* *A#°* *D7*
A montanha e ficar bem mais perto de Deus e rezar.
      G   *G*   *G#°*   *Am*
Eu vou gritar para o mundo me ouvir e acompanhar toda a minha escalada e ajudar
D7   *G* *A#°* *D7*
A mostrar como é o meu grito de amor e de fé....
      G   *G*   *G#°* *Am*
Eu vou pe—dir que as estrelas não parem de brilhar, e as crianças não deixem de sorrir.
D7   *G* *Eb7* *Bbm7* *Eb7*   *Ab*
E que os homens jamais se esqueçam de agradecer,   por isso   eu   digo
Ab   *Ab°* *Bbm*
Obrigado Senhor por mais um dia, obrigado Senhor que eu posso ver
Eb7   *Ab* *E7*   *A*
Que seria de mim sem a fé que eu tenho em você,   por mais que eu sofra
A   *F#7* *Bm*
Obrigado Senhor, mesmo que eu chore, obrigado Senhor, por eu saber
E7   *A* *E7*   *A*
Que tudo isso me mostra o caminho que leva a você... mais uma vez

                                                            F#7 *Bm*
Obrigado Senhor, por outro dia, obrigado Senhor, que o Sol nasceu
E7   *A* *E7*   *A*
Obrigado Senhor, agradeço, obrigado Senhor... por isso eu digo
                                                        F#7 *Bm*
Obrigado Senhor, pelas estrelas, obrigado Senhor pelo sorriso
E7   *A* *E7*   *A*
Obrigado Senhor, agradeço, obrigado Senhor... mais uma vêz
                                                     F#7 *Bm*
Obrigado Senhor, por um novo dia, obrigado Senhor pela esperança
E7   *A* *E7*   *Bm7* *A*
Obrigado Senhor, agradeço, obrigado Senhor... por isso eu digo
                                                    F#7 *Bm*
Obrigado Senhor, pelo sorriso, obrigado Senhor pelo perdão
E7   *A* *E7* *Bm7* *A*
Obrigado Senhor, agradeço, obrigado Senhor... mais uma vêz
                                                   F#7 *Bm*
Obrigado Senhor, pela natureza, obrigado Senhor por tudo isso
E7   *A*
Obrigado Senhor, agradeço, obrigado Senhor...

Tarde em Itapoan

Samba

Toquinho e
Vinicius de Moraes

© 1943 By Tonga Editora Musical Ltda.
Todos os direitos autorais reservados - All rights reserved.

C/D
D7
G
G7M
Am7
Bm7
C7M
Bb7M
Bbm7M
Am4
1.
C/D
G
G7M
2.
C/D
Gm7
C13
Gm7
C13
ao 𝄋
2 vezes
e ⊕
Rep. ad lib.
G
G7M
Am7
Bm7
Am7
Bb7M
Eb7
Am7
C/D
G
G7M

TOM — SOL MENOR

Gm   D7   Gm

Introdução: Gm $\overset{Eb}{G}$ Gm6 $\overset{Eb}{G}$

I

Gm Um velho calção de $\overset{C7}{\text{banho}}$
Gm O dia prá $\overset{Em5-}{\text{vadiar}}$
A7   O mar $\overset{Dm7}{\text{que não tem}}$ $\overset{G7}{\text{tamanho}}$
Cm7 E um arco-íris no $\overset{D7}{\text{ar}}$
     Depois na praça $\overset{Gm}{}$ $\overset{C7}{\text{Caymmi}}$
Gm7 Sentir preguiça no cor—$\overset{Em5-\ A7}{\text{po}}$
     $\overset{Dm7}{\text{E}}$ numa esteira de $\overset{G7}{\text{vime}}$
Cm7 Beber uma água de $\overset{C}{\underset{D}{\text{côco}}}$

Refrão

BIS {
$\overset{D7}{\text{E}}$ $\overset{G}{\text{bom,}}$
$\overset{G7M}{\text{Passar uma}}$ $\overset{Am7}{\text{tarde em}}$ $\overset{Bm7}{\text{Itapoãn}}$
Ao sol que $\overset{C7}{\text{arde em Itapoãn}}$ $\overset{Bb7M}{}$
Ouvindo o mar $\overset{Bbm7}{\text{de}}$ $\overset{Bbm6\ Am4}{\text{I t a p o ã n}}$
Falar de amor em $\overset{C}{\underset{D}{}}$ $\overset{G\ G7M}{\text{Itapoãn}}$
Gm7 C13 Gm7 C13
}

II

Gm   Enquanto o mar $\overset{C7}{\text{inaugura}}$
Gm   Um verde novinho em $\overset{Em5-}{\text{folha.}}$
A7 $\overset{Dm}{\text{Argumentar com}}$ $\overset{G7}{\text{doçura}}$
Cm7 Com uma cachaça de $\overset{D7}{\text{rolha}}$
     $\overset{Gm}{\text{E com o olhar}}$ $\overset{C7}{\text{esquecido}}$
Gm7 No encontro de céu e $\overset{A7}{\text{mar}}$
     $\overset{Dm7}{\text{Bem devagar ir}}$ $\overset{G7}{\text{sentindo}}$
Cm7 A terra toda a $\overset{C}{\underset{D}{\text{rodar.}}}$

Refrão:

III

Gm   Depois sentir o $\overset{C7}{\text{arrepio}}$
Gm   Do vento que a noite $\overset{Em5-\ A7}{\text{traz}}$
     $\overset{Dm7}{\text{E o diz-que-diz que}}$ $\overset{G7}{\text{macio}}$
Cm7 Que brota nos $\overset{D7}{\text{coqueirais.}}$
     $\overset{Gm}{\text{E nos espaços}}$ $\overset{C7}{\text{serenos}}$
Gm   Sem ontem nem $\overset{Em5-\ A7}{\text{amanhã}}$
     $\overset{Dm7}{\text{Dormir nos braços}}$ $\overset{G7}{\text{morenos}}$
Cm7 Da lua de $\overset{C}{\underset{D}{\text{itapoãn}}}$

Refrão:

Açai

Djavan

TOM — Sib MAIOR

Bb F7 Bb

Introdução: Cm9 F Eb Bb7M

         Bb7M Bbº
     Solidão
         Bbº
     De manhã
Cm7   Ab7M
     Poeira tomando assento
     Fm
     Rajada de vento
     Gm9
     Tom de assombração
     C9
     Coração...
Dm   G7 Cm F7 Bb7M
     Sangrando toda palavra sã

         Bb7M Bbº
     A paixão
         Bbº
     Puro afã
Cm7   F13
     Místico clã de sereia
       Ab7M
     Castelo de areia
     Gm   Gm7 C13
     Ira de tubarão
     C7
     Ilusão...
     Eb7M F7   Bb
     O sol brilha por si

Bis {
Bb7M C7   Eb
Aça—i guardiã
     Dm7
Zum de besouro
Um imã
Dbº   Cm   F7
Branca é a tez da manhã
}

Bis {
Bb7M C#7   E7M
Aça—i guardiã
     D#m7
Zum de besouro
Um imã
Dº   C#m7   F#7 B7M C7
Branca é a tez da manhã
}

(Repetir ad libitum)

Sem fantasia

Samba - Bossa

Chico Buarque de Hollanda

Homem
Ah! eu quero te dizer

Mulher
vem meu menino vadio

© Copyright 1968 by Editora Musical Arlequim Ltda. - São Paulo - Brasil
Todos os direitos autorais reservados - All rights reserved.

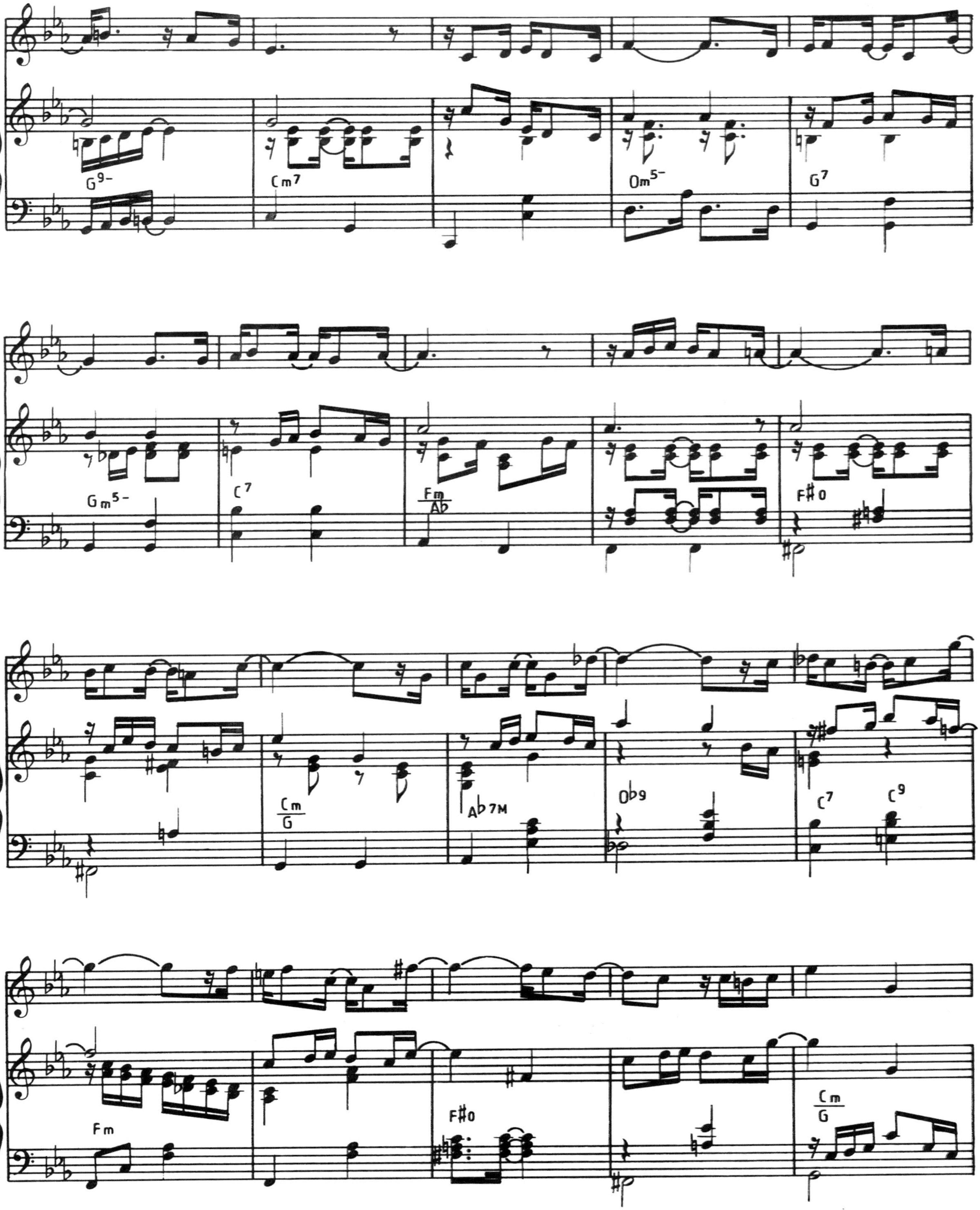
G9-
Cm7
Dm5-
G7
Gm5-
C7
Fm/Ab
F#0
Cm/G
Ab7M
Db9
C7
C9
Fm
F#0
Cm/G

TOM — DÓ MENOR
Cm   G7   Cm

Introdução: Cm9 G9+ Cm G9+

(MULHER)

  Cm7   Ab7 G7
  Vem, meu menino vadi—o
  Gm5-   C7
  Vem sem mentir prá você
  Fm7   Bbm7
  Vem, mas sem fantasia
Eb9-   Ab7
  Que da noite pro dia
  Fm   Dm9 G9-
  Você não vai crescer
  Cm7   Dm5-
  Vem, por favor não evites
G7   Gm5-
  Meu amor, meus convites,
      Fm
C7   Ab
  Minha dor, meus apelos,
      Gm
F#º
  Vou te envolver nos cabelos
      G
Ab7M   Db9
  Vem perder-te em meus braços
C7 C9 Fm
  Pelo amor de Deus
     F#º
  Vem que eu te quero fraco
     Cm
  Vem que eu te quero tolo
Ab   D7 G7 Cm Dm G7
  Vem que eu te quero t o d o meu

Para terminar:

Ab   D7 G7 Cm9 Ab9 Fm9 Cm9
  Vem que eu te quero t o d o meu

(HOMEM)

  Cm7   Ab7
  Ah! eu quero te dizer
  G7   Gm5-
  Que o instante de te ver
     C7
  Custou tanto penar
  C9-   Fm7
  Não vou me arrepender
     Bbm7
  Só vim te convencer
  Eb9-   Ab7
  Que eu vim pra não morrer
  Fm7   Dm9
  De tanto te esperar
  G9-   Cm7
  Eu quero te contar
      Dm5-
  Das chuvas que apanhei
  G7   Gm5-
  Das noites que varei
      Fm
  C7   Ab Fm
  No escuro a te buscar
     F#º
  Eu quero te mostrar
     Gm
     G
  As marcas que ganhei
  Ab7M   Db9
  Nas lutas contra o rei
  C7 C9 Fm
  Nas discussões com Deus
    F#º
  E agora que cheguei
      Cm
  Eu quero a recompensa
  Ab   D7
  Eu quero a prenda imensa
  G7 Cm Dm G7
  Dos carinhos teus.

Para terminar:

  G7 Cm9 Ab9 Fm9 Cm9
  Dos carinhos teus

17

TOM — DÓ MENOR
Cm   G7   Cm

Introdução: Cm9 G9+ Cm G9+

(MULHER)

  Cm7   *Ab7 G7*
  Vem, meu menino vadi—o
  Gm5-   *C7*
  Vem sem mentir prá você
  Fm7   *Bbm7*
  Vem, mas sem fantasia
Eb9-   *Ab7*
  Que da noite pro dia
  Fm   *Dm9 G9-*
  Você não vai crescer
  Cm7   *Dm5-*
  Vem, por favor não evites
 G7   *Gm5-*
  Meu amor, meus convites,
 C7   *Fm*
  Minha dor, meus apelos,
      Gm
  F#°   *G*
  Vou te envolver nos cabelos
Ab7M   *Db9*
  Vem perder-te em meus braços
 C7 *C9* *Fm*
  Pelo amor de Deus
     F#°
  Vem que eu te quero fraco
     Cm
  Vem que eu te quero tolo
Ab   *D7 G7* *Cm Dm G7*
  Vem que eu te quero t o d o meu

Para terminar:

Ab   *D7 G7* *Cm9 Ab9 Fm9 Cm9*
  Vem que eu te quero todo meu

(HOMEM)

Cm7   *Ab7*
Ah! eu quero te dizer
  G7   *Gm5-*
Que o instante de te ver
    C7
Custou tanto penar
 C9-   *Fm7*
Não vou me arrepender
    Bbm7
Só vim te convencer
  Eb9-   *Ab7*
Que eu vim pra não morrer
 Fm7 *Dm9*
De tanto te esperar
 G9-   *Cm7*
Eu quero te contar
     Dm5-
Das chuvas que apanhei
 G7   *Gm5-*
Das noites que varei
    Fm
C7 *Ab Fm*
No escuro a te buscar
    F#°
Eu quero te mostrar
    Gm
    G
As marcas que ganhei
 Ab7M *Db9*
Nas lutas contra o rei
 C7 *C9* *Fm*
Nas discussões com Deus
    F#°
E agora que cheguei
    Cm
Eu quero a recompensa
Ab   *D7*
Eu quero a prenda imensa
 G7 *Cm Dm G7*
Dos carinhos teus.

Para terminar:

 G7 *Cm9 Ab9 Fm9 Cm9*
Dos carinhos teus

Meu refrão

Samba

Chico Buarque de Hollanda

Bb7
A7
D7
Gm
Dm
E7
Gm/Bb
A7
Dm
F7
Bb
C7
F7
Cm7
F7
Bb
A9
Dm
Dm7/C
Bb
Gm
A7/G
Dm/F
Gm
Dm
E7
C7
F7
Bb7
A7
D7
Gm
Dm
E7

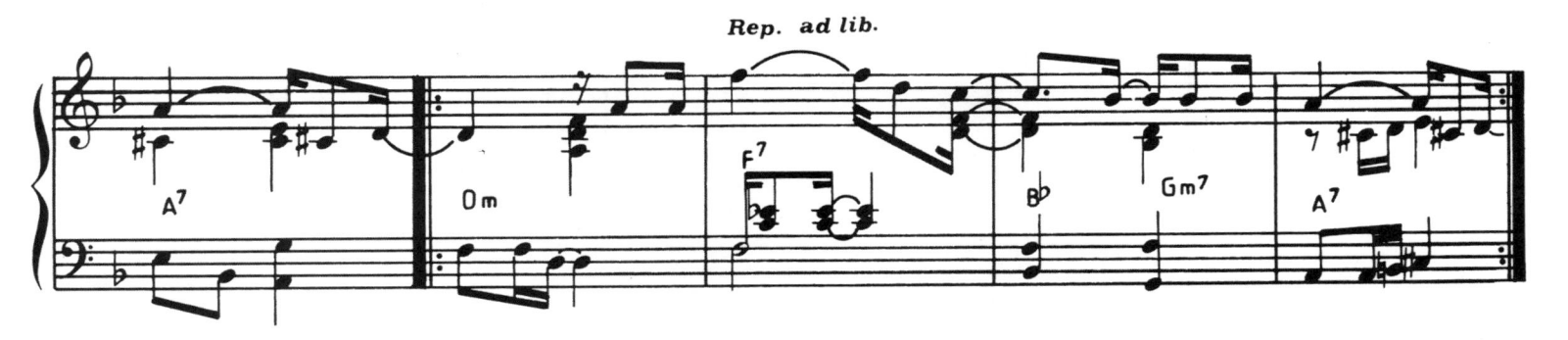

TOM — RÉ MENOR
Dm   A7   Dm

Introdução: Dm E9+ A7 Dm Bb7M Em9 A13

     Dm   Gm7
     Quem canta comigo
  C7   F7M
     Canta o meu refrão
          Bb7M Em5-
Bis { Meu melhor amigo
         A7 Dm
     É meu violão

     D7   Gm7
     Já chorei sentido
     A7   D
     De desilusão
     Gm
     Bb   Dm
     Hoje estou crescido
     E7   A7
     Já não choro não
     F7   Bb7
     Já brinquei de bola,
     A7   D7
     Já soltei balão
          Gm   Dm
     Mas tive que fugir da escola
             Gm
     E7   Bb A7
     Prá aprender essa lição:

     Dm   Gm7
     Quem canta comigo, etc

         Dm7
     C   Bb
     O refrão que eu faço
              Dm
  Gm   A7   F
     É pra você saber
          Gm   Dm
     Que eu não vou dar braço
     E7   C7
     Prá ninguém torcer.
     F7   Bb7
     Deixa de feitiço
       A7   D7
     Que eu não mudo não
     Gm   Dm
     Pois eu sou sem compromisso
     E7   A7
     Sem relógio e sem patrão

     Dm   Gm7
     Quem canta comigo, etc

     D7   Gm
     Eu nasci sem sorte
     A7   D
     Moro num barraco.
          Gm   Dm
     Mas meu santo é forte
     E7   A7
     E o samba é meu fraco
     F7   Bb7M
     No meu samba eu digo
     A7   D7
     O que é de coração,
          Gm   Dm
     Mas quem cantar comigo
     E7   Gm A7
     Canta o meu refrão:

     Dm   Gm7
     Quem canta comigo, etc.

Molambo

Samba

Jayme Florence
e Augusto Mesquita

TOM — FA MAIOR
F   C7   F

Introdução: Gm7 Bbm7 Am7 D7 Gm7 C7 F F7M Am7 D7

   D7   *Gm7*
      Eu sei
              C7
Que vocês vão dizer
              F7M
Que é tudo mentira
     Bb7   *Am7*
Que não pode ser
     Dm7   *Gm7*
Porque   depois de tudo
          C7
Que ele me fez
           Am5-
Eu jamais deveria
         D9-
Aceitá-lo outra vez
    Gm7
Bem sei
           Em9
Que assim procedendo
   A7   *Dm9*
Me exponho ao desprezo
       E9+ E9-
De todos vocês
   A7M   *F#m*   *Bm7*
Lamento, mas fiquem sabendo

    E7   *A13*
Que ele voltou
   D7   *Gm7*
E comigo ficou
C7 *Gm7*   *C7*
Ficou pra matar a saudade
     C9-   *F7M*
A tremenda saudade
   Bb7   *Am7*
Que não me deixou
   Dm7   *Gm7*
Que não me deu sossego
         C7
Um momento siquer
          Am5-   *D9-*
Desde o dia em que ele   me abandonou
  Bb7M
Ficou   prá impedir
    Bbm7   *Am7*
Que a loucura   fizesse de mim
            D7   *D9-*
Um molambo qualquer
   Gm7   *C7*
Ficou desta vez para sempre
     F
Se Deus quizer

A distância

Roberto Carlos e
Erasmo Carlos

TOM — DÓ MENOR

Cm   G7   Cm

Introdução: *F Em7 Am Dm G̲ G7 C Dm G7*
                                    Dm

     Cm   *Fm*
Nunca mais você ouviu falar de mim
 Bb7   *Eb G7*
Mas eu continuei a ter você
 Cm   *Fm*
Em toda esta saudade que ficou...
          Fm
      Ab   *Fm*   *G7*
Tanto tempo já passou e eu não te esqueci.

 C   *Dm*
Quantas vezes eu pensei voltar
F
 G   *G7*   *C*
E dizer que o meu amor nada mudou
C   *F*
Mas o seu silêncio foi maior
E na distância morro
C *Am Dm*   *G7*   *C Dm5- G7*
Todo dia sem você saber

 Cm   *Fm*
O que restou do nosso amor ficou
 Bb7   *Eb G*
No tempo, esquecido por você...
 Cm   *Fm*
Vivendo do que fomos ainda estou
         Fm
     Ab *Fm*
Tanta coisa já mudou só eu não te esqueci

C
Quantas, vêzes, etc.

 Cm   *Fm*
Eu só queria lhe dizer que eu
 Bb7   *Eb*
Tentei deixar de amar não consegui
               Cm   *Fm*
Se alguma vez você pensar em mim
                  Fm
                 Ab
Não se esqueça de lembrar
Fm   *G*
Que eu nunca te esqueci

                     C   *Dm*
Para terminar: Quantas vezes eu pensei voltar - etc.

Exaltação à Bahia

Samba

Vicente Paiva
e Chianca de Garcia

© Copyright 1943 by Irmãos Vitale S.A. Ind. e Com. São Paulo - Rio de Janeiro - Brasil
Todos os direitos autorais reservados para todos os países - All rights reserved.

A
C#m7
A6
A7M
C#m7
F#m7
Bm7
E7
E9
Bm7
E7
Bm7
E7
Bm7
E7
D#dim
Bm7 4
E7
A
A7M
C#m5-
G7
F#7
A#dim
Bm
D
Orq.
Bm7/E
C#m7
F#m7
Bm
E7
A6

B♭6
B
B7M
C6
C7M
Voz
C♯
A7
D
F♯m
Em7
G/A
Em7/A
D6
G/A
D7M
F♯m
Em
A7
Em7
A7
D6
E7
A7
D
F♯m
Em7
F♯7
F♯9-
Bm

TOM — LÁ MENOR
Am   E7   Am

Introdução: Bm7   C#m7   F#m7   Bm   E7   A6   (Orq.)   Bb6   B   B7M   C6   C7M   C#   A7
                                                                               E

Bis
               Am   *G13*   *G7*
Côro - Oh!   Bahia,
      Dm7   *G13*   *C7M* *F7M*
Umbú, vatapá e azeite dendê.
       Bm4 E7   *Am7*   *Am9*
Solo — E tem   moamba,   *G*
    F7   *E7*   *Am F7 E7*
Prá nego bamba fazê cangerê.
                    Am7 Bm7 E7

A   *C#m7*   *A6*
Um nome á história vou buscar,
  A7   *C#m7*
Sargento Camarão,
F#m7   *Bm7 E7 E9*
Herói   foi da Bahia!
Bm7   *E7*   *Bm7*
Castro Alves nos faz relembrar.
E7   *Bm7*
Tempos d'Abolição,
 E7   *D#dm Bm7 E7*
Poeta da Bahia!
A   *A7M*   *C#m5-*
Ruy Barbosa fogo triunfal,
 G7   *F#7*
Voz da raça e do bem,
        A#dm Bm
O gênio da Bahia!
   D   *Bm7*
E há nesse encanto natural!
  F#m7   *E*   *C#m7*
Que a Bahia tem,
 E7   *A6*
A graça da Bahia!

    Bb6
A Bahia tem conventos
 B   *B7M*
Tem macumba e tem moamba,
    C6   *C7M*
Mas onde ela é mais Bahia
  C#   *A7*
É no batuque do samba!
    CÔRO

D *F#m*   *Em7*
Foi na Bahia
G   *G*
A   *Em7* *D6 A*
Das Igrejas todas de o u r o,
    D7M *F#m*   *Em*
Onde vale a morena um tesouro
      A7
Como nenhum
  Em7   *A7*   *D6 E7 A7*
Como nenhum não pode haver...
D *F#m*   *Em7*
Salve a baiana
F#7   *F#9*   *Bm*
Com sandálias e balangandans
  Em   *G#dm* *F#m7*
Vai mostrar ao mundo inteiro
   Bm7
Nosso samba brasileiro
  A7   *D* *D7M*
Da auri-verde Bahia.
   Bb7
Alegria-oi,
    D^6_9
Do Brasil!

Força estranha

Caetano Veloso

TOM — Sib MAIOR

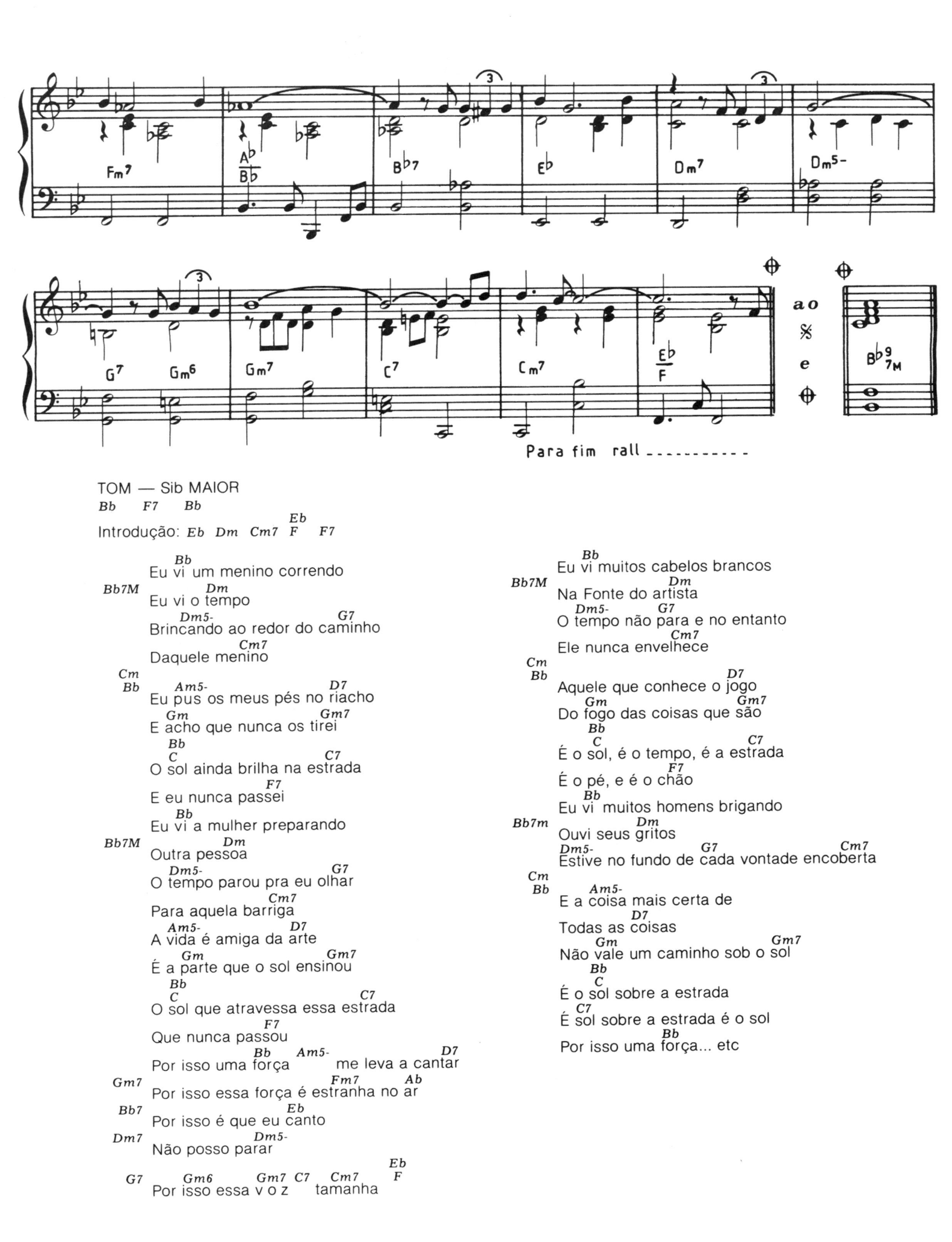

Bb   F7   Bb

Introdução: Eb Dm Cm7 Eb/F F7

          Bb
         Eu vi um menino correndo
Bb7M   Dm
         Eu vi o tempo
       Dm5-   G7
       Brincando ao redor do caminho
         Cm7
       Daquele menino
  Cm
  Bb   Am5-   D7
     Eu pus os meus pés no riacho
     Gm   Gm7
     E acho que nunca os tirei
     Bb
     C   C7
     O sol ainda brilha na estrada
        F7
     E eu nunca passei
     Bb
     Eu vi a mulher preparando
Bb7M   Dm
     Outra pessoa
   Dm5-   G7
   O tempo parou pra eu olhar
       Cm7
   Para aquela barriga
  Am5-   D7
  A vida é amiga da arte
   Gm   Gm7
  É a parte que o sol ensinou
  Bb
  C   C7
  O sol que atravessa essa estrada
     F7
  Que nunca passou
      Bb   Am5-   D7
    Por isso uma força   me leva a cantar
Gm7   Fm7   Ab
  Por isso essa força é estranha no ar
Bb7   Eb
  Por isso é que eu canto
Dm7   Dm5-
  Não posso parar
                Eb
G7   Gm6   Gm7 C7 Cm7 F
  Por isso essa v o z   tamanha

       Bb
      Eu vi muitos cabelos brancos
  Bb7M   Dm
      Na Fonte do artista
    Dm5-   G7
    O tempo não para e no entanto
         Cm7
    Ele nunca envelhece
  Cm
  Bb   D7
   Aquele que conhece o jogo
    Gm   Gm7
   Do fogo das coisas que são
     Bb
     C   C7
     É o sol, é o tempo, é a estrada
         F7
     É o pé, e é o chão
     Bb
     Eu vi muitos homens brigando
  Bb7m   Dm
     Ouvi seus gritos
  Dm5-   G7   Cm7
  Estive no fundo de cada vontade encoberta
  Cm
  Bb   Am5-
   E a coisa mais certa de
      D7
   Todas as coisas
        Gm   Gm7
   Não vale um caminho sob o sol
     Bb
     C
     É o sol sobre a estrada
     C7
     É sol sobre a estrada é o sol
        Bb
     Por isso uma força... etc

Vamos dar as mãos... e cantar

Silvio Cesar

© Copyright 1974 by CEMBRA Ltda. - São Paulo - Brasil
Todos os direitos autoriais reservados para todos os países - All rights reserved.

TOM — SOL MENOR
Gm   D7   Gm

Introdução: *Gm7   F   G   A*
                    Gm Eb D7

                 Gm
Gm7   *F*
    Antes do pano cair
Eb7M   *Cm   Cm7*
    Antes que as luzes se apagam
F7   *Bb*
    Todas as portas se fechem
Eb7M   *Cm   Cm7*
    Todas as vozes de calem
F7   *Bb*
    Antes que o dia anoiteça
  Eb
G   *Eb7M* *Cm7*
    E nunca mais   amanheça
              A5+
Eb7M   *9-*
    Antes que a vida na terra
      D4 D7
    Desapareça

Bis {
     7M
 G   *G13*   *C6*
 Vamos dar   as   mãos
    C7M   *G*
 Vamos dar as mãos
    C7M
 Vamos lá
 G G7M *C*   *F7M   D7*
 E vamos juntos cantar
}

                 Gm
Gm7   *F*
    Antes do grande final
Eb7M   *Cm   Cm7*
    Antes dos rios secarem
F7   *Bb*
    Todas as mães se perderem
Eb7M   *Cm   Cm7*
    Todos os sonhos falharem
F7   *Bb*
    Antes que o medo da vida
  Eb
G   *Eb7M* *Cm7*
    Faça de mim   um covarde
              A5+
Eb7M   *9-*
    Antes que tudo se perca
      D4 D7
    Que seja tarde.

Bis {
     7M
 G   *G13*   *C6*
 Vamos d a r as   mãos
  C7M   *G*
 Vamos dar as mãos
    C7M
 Vamos lá
 G G7M *C*   *F7M D7 C G Am G*
 E vamos juntos cantar
}

Prá dizer adeus

Canção

Edú Lobo
e Torquato Neto

© Copyright 1972 by IRMÃOS VITALE S.A. IND. e COM. São Paulo - Rio de Janeiro - Brasil
Todos os direitos autorais reservados SOMENTE PARA O BRASIL. All rights reserved.

TOM — LÁ MENOR

Am   E7   Am

Introdução: E9-

E7   Am
   Adeus...
         C7
G#o Vou prá não voltar
              G
F#o   F
   E onde quer que eu vá
                  Dm
E4   E9-   Am7
   Sei que vou sózinho
E9-   Am7
   Tão sózinho amor
            C7
G#o   G
   Nem é bom pensar
F#o   Dm6
   Que não volto mais
E4   E9-   Am7   Am9
   Desse meu caminho

                          9
Dm7 G7   C7M   A9-5+
   Ah!   pena eu não saber
         Dm7 Bm5-
   Como te contar
              B5+
   Que o amor foi tanto
                          E
   E9-   Am7 G#
   E no entanto eu queria dizer
              Eb
              G   F#o
   Vem, eu só sei dizer
               Dm6 E4
   Vem, nem que seja só
         F#o Am7
   Prá dizer adeus
   6
   F7M Am
   A d e u s...

35

Rancho da Praça Onze

Marcha - Rancho

João Roberto Kelly
e Francisco Anizio

TOM — SOL MAIOR
G   D7   G

Introdução: C7M Am7 D7 D9- G Bm7 Bm5- Eb C Bb D7 G7M Bm7 Am7 D7   D Eb

I

G9 G7M   Bm7   C7M Cm7
Esta   é a Praça Onze tão querida
G   G7M   Bm7 E7
Do carnaval a própria vida
F7   E7   Am7
Tudo é sempre carnaval
Cm7 C   D9-   G7M Bm7
Vamos ver desta praça a poesi-a
E7   E7   Am7
    E sempre em tom de alegria
D7
  A   D7   G
Fazê-la internacional!

II

Dm7   G7   Dm7   G7
A praça existe, alegre ou triste
Dm9   G7   C7M
Em nossa imaginação

Em7   A7   Em7   A7
A praça é nossa, e como é nossa
Bb7   A7   C   D D7
No Rio quatrocentão.

I Bis

G9 G7M   Bm7   C7M Cm
Este   é o meu Rio, boa praça
G   G7M   Bm5 E7
Simbolizando nesta praça
F7   E7   Am7
Tantas praças que ele tem
Cm7 D   D9-   G7M Bm7
Vamos da Zona Norte à Zona Sul
E7   E7   Am7
Deixar a vida tôda azul
D7   D7   G
Mostrar da vida o que faz bem

                 Am7   Cm7 F13   G G7M   G7M
Final — Praça Onze! Praça Onze! Praça Onze!

Jesus Cristo

Jovem Bugalú

Roberto Carlos
e Erasmo Carlos

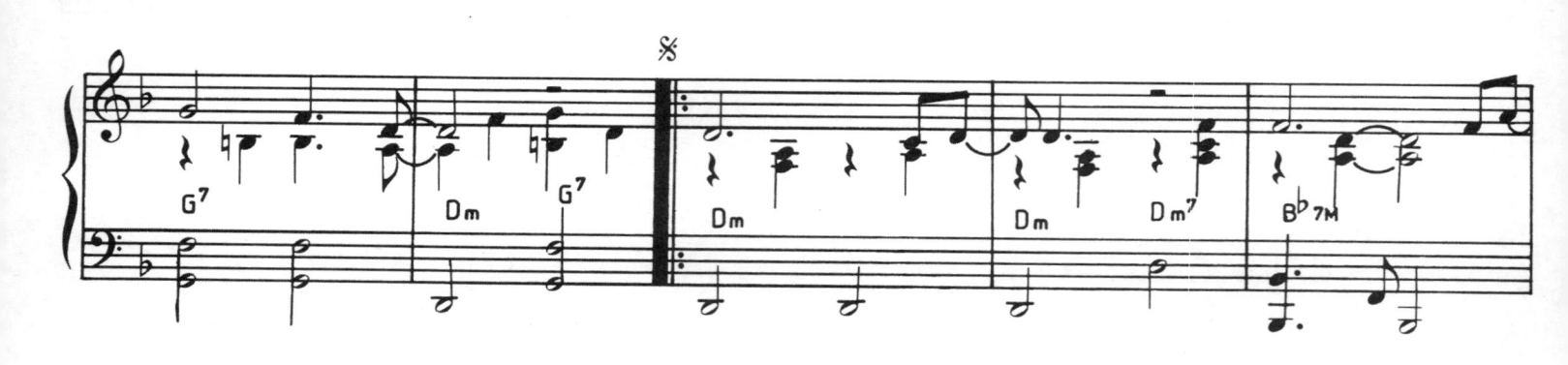

TOM — RÉ MENOR
Dm   A7   Dm

Introdução: Dm   Am7   Dm   Dm7   Am7

Dm   Bb   F   Am7
Jesus Cristo, Jesus Cristo, Jesus Cristo,   (3 vêzes)
       G7   Dm G7
Eu estou aqui

Dm   Bb   Dm   Dm7   Bb7M   F
Olho pro céu e vejo uma nuvem branca que vai passando
                              Gm
Am   Am7   Bb   A7
Olho na terra e vejo uma multidão que vai caminhando
Dm   Bb   Dm   Dm7   Bb7M   F
Com essa nuvem branca essa   gente não sabe aonde vai
                              Gm
Am   Am7   Bb   A7
Quem poderá   dizer o caminho certo é você meu pai

Dm
Jesus Cristo, (2 vezes)

Dm   Bb   Dm   Dm7   Bb7M   F
Toda essa multidão tem no peito amor   e procura paz
                              Gm
Am   Am7   Bb   A7
E apesar   de tudo a esperança não se desfaz
Dm   Bb   Dm   Dm7   Bb7M   F
Olhando a flor que nasce no chão daquele que tem amor
                              Gm
Am   Am7   Bb   A7
Olho pro céu e sinto crescer a fé no meu Salvador
Dm
Jesus Cristo, (5 vezes)

Dm   Bb   Dm   Dm7   F
Em cada esquina eu vejo o olhar   perdido em um irmão
                              Gm
Am   Am7   Bb   A7
Em busca do mesmo bem nessa direção caminhando vem
Dm   Bb   Dm   Dm7   Bb7M   F
E meu desejo ver aumentando sempre esta procissão
                              Gm
Am   Am7   Bb   A7
Para que todos cantem na mesma voz esta oração.

Dm
Jesus Cristo, (4 vezes)

Pisa na fulô

Baião - Côco

João Vale, Ernesto Pires
e Silveira Junior

Am B7 Em F♯m5- B7 Em A7
Em
1.
Am B7 Em Am B7 Em
2.
Em Em B7 Em Am B7 Em
Am B7 Em A7 B7 Em
Am B7 Em Am B7
1.
Em
2.
Em A7

TOM — MI MENOR
Em B7 Em

Introdução: Em B7 Em Am B7 Em

I

Um dia desse (Em)
Fui dançar lá em Pedreira (B7 Em)
Na rua da golada (Am)
Eu gostei da brincadeira (B7 Em)
Zé Caxangá (D7)
Era o tocador (B7 Em)
Mas tocava "Pisa na fulô" (A7 B7 Em)

Côro

BIS {
Pisa na fulô (A7 Am)
Pisa na fulô (B7 Em)
Pisa na fulô (Am)
Não maltratô o meu amô (B7 Em)
}

II

"Só" Serafim (Em)
Cochichava mais "dió" (B7 Em)
Sou capaz de jurar (Am)
Nunca vi forró mió (B7 Em)
Inté vovó (Am)
Garrou na mão de vovô (B7 Em)
Vamo embora meu veinho (A7)
Pisa na fulô (B7 Em)

Côro

Pisa na fulô, etc... (Am)

III

Eu vi menina (Em)
Que não tinha 12 anos (B7 Em)
Agarrá seu par (Am)
Também sair dançando (B7 Em)
Satisfeita (F#m5-)
E dizendo meu amô (B7 Em)
Ai, como é gostoso (A7)
Pisa na fulô (Em)

Côro

Pisa na fulô, etc (Am)

IV

De madrugada (Em)
Zeca Caxangá (Am Em)
Disse ao dono da casa (A7 Am)
Não precisa me pagá (B7 Em)
Mas por favor (Am)
Arranje outro tocador (B7 Em)
Que eu também quero (A7)
Pisa na fulô (B7 Em)

Côro

Pisa na fulô, etc (Am)

Terra seca

Samba - Jongo

Ary Barroso

Fm
Fm7M
Fm7
Fm6-
Fm
Fm7M
Fm7
Fm6-
Fm
Fm7
D♭7M
C7
Fm
Fm7M
Fm 7
Fm
Fm
Fm 7M
Fm7
Fm
Fm
Fm 7
Fm6
Fm5+
F7M
G13
G13-
C7
Am7
Dm9
G13
G13 -
C7
C9
F
Am5-
D7
Gm7
D9-
Gm 7
Gm 9
B♭7M
G7
E dim
C5+

TOM — FÁ MENOR
Fm   C7   Fm

Introdução: *Fm   Fm7M   Fm7   Fm6   Fm   Fm7M   Fm7   Fm6*

Côro
      Fm Fm7 Bb Fm Fm
     Ô nêgo tá, moiado de suô
     Fm7+   Fm7 Fm6
  { Trabáia, trabáia, nêgo
     Fm Fm7+ Fm
    Trabáia, trabáia, nêgo

Côro
         Eb   Gb
    Bbm Bbm7 Bb Bb Bbm
    As mãos do nêgo tá que é calo só
     Bbm7M Bbm7 Bbm
  { Trabáia, trabáia, nêgo
     Bbm7M Bbm7M Bbm
    Trabáia, trabáia, nêgo

       Db
  Bb7M F Bbm7 Eb7
  Ai “meu sinhô” nêgo tá veio
      Ab
  Não aguenta!
         9-
     Fm7   G5+ C7
  Essa terra tão dura, tão sêca, poeirenta...

Côro
     Fm74 Fm7 Fm6
  { Trabáia, trabáia, nêgo
     Fm Fm7+ Fm7 Em6-
    Trabáia, trabáia, nêgo

Côro
     Fm Fm7 Db7M C7 Fm
    O nêgo pede licença prá falá
       Fm7+ Fm7 Fm
  { Trabáia, trabáia, nêgo
    Fm   Fm7 Fm6 Fm5- F7M
    O nêgo não p o d e mais trabáia

    G13 B13- C7 Am7 Dm7
    Quando o nêgo chegou por aqui
    G13 G13 C7 C9 F Am5-
    Era mais vivo e ligeiro que o saci
           Gm7   D9   Gm7
    Varava estes rios, estas matas, estes campos sem fim
  Gm9
    Bb7M   G7   Edm C5+
    Nego era moço, e a vida, brinquedo prá mim

          C
    F7M Eb11+ D
    Mas este tempo passou
       Am5- D9 Abm7
    Essa terra secou...ô ô
              Fm9
    Db9 Gm7   Ab Fm Gm7
Bis A velhice chegou e o brinquedo quebrou...
  {   *F7M Eb11+ D9   Gm Gm7 Em5- A5+*
    Sinhô, nêgo veio tem pena de tê-se acabado
          Bb
    Dm7   C   C7   F7M
            9
    Sinhô, nêgo veio carrega este corpo cançado

45

Fé

Fox-Trote

Roberto Carlos
e Erasmo Carlos

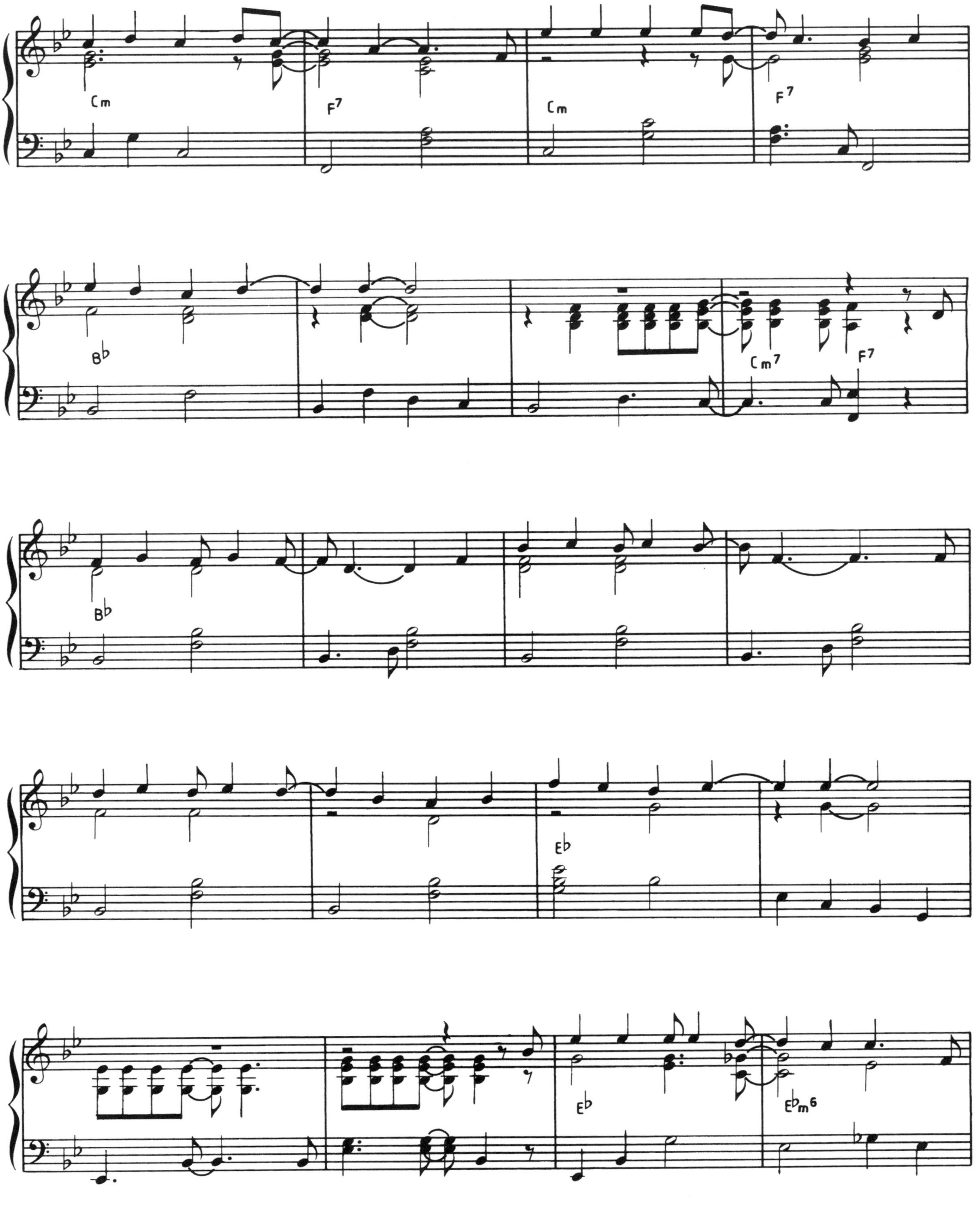
Cm
F7
Cm
F7
B♭
Cm7
F7
B♭
E♭
E♭
E♭m6

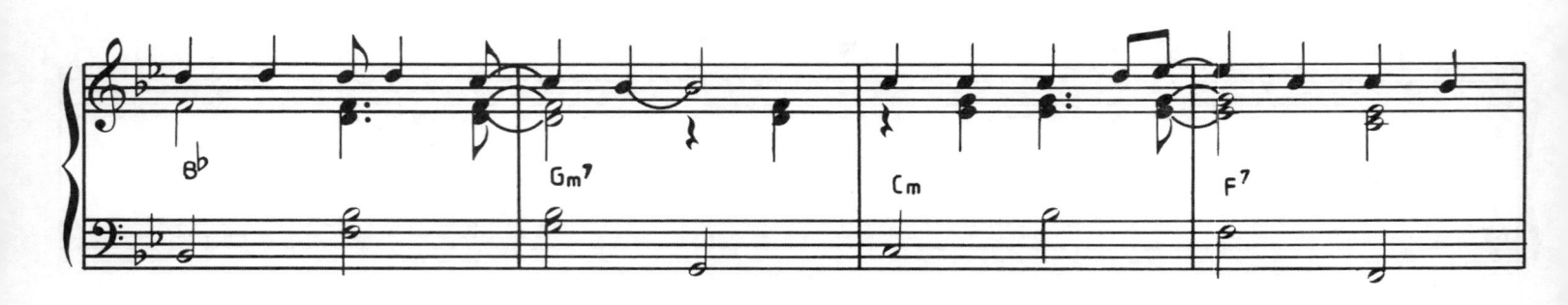

TOM — Sib MAIOR
Bb F7 Bb

Introdução: Bb Bb F7

    Bb
Na linha do horizonte
  Eb   Bb
Do alto da montanha
Por onde quer que eu ande
    Cm   F7 Cm F7
Esse amor me acompanha

 Cm   F7
A luz que vem do alto
  Cm   F7
Aponta o meu caminho
 Cm   F7
É forte no meu peito
   Bb   Cm F7
Eu não ando sozinho

  Bb
Te vejo pelos campos
Te sinto até nos mares
Te encontro nas montanhas
  Eb
E te ouço nos mares

  Eb   Ebm6
Você é meu escudo
  Bb   Gm7
Você prá mim é tudo
Cm   F7   Bb
Minha fé me leva até você.

    Bb
Prá quem te trás no peito
  Eb   Bb
O mundo é mais florido
A vida aqui na terra
    Cm   F7 Cm F7
Tem um outro sentido

 Cm   F7
Ando e não me canço
  Cm   F7
Esqueço a minha cruz
Cm   F7
Firme nesse rumo
     Bb   Cm F7
Que a você me conduz

  Bb
Em todos os momentos
Que eu olho pro espaço
Sou forte e minha fé
  Eb
Me faz um homem de aço

  Eb   Ebm6
Você é meu escudo
  Bb   Gm7
Você prá mim é tudo
Cm   F7   Bb
Minha fé me leva até você

Olhos verdes

Samba

Vicente Paiva

© Copyright 1950 by Irmãos Vitale: S.A. Ind. e Com. - S.Paulo - Rio de Janeiro - Brasil
Todos os direitos autorais reservados para todos os países - All rights reserved.

Gm
D7
Gm
Am5- D7
Gm
Gm7
D4 susp
D7
Gm
Gm7
Gm7
D7
Gm7
Dm7
G7
Gm7
Bb/C
C7
A5+
D7
Am5-
D7
Am5-
D7
Am7
Am5-
D7
Gm7
Am5- D7
Gm7

TOM — FÁ MAIOR

F   C7   F
Introdução: Bb   F   Cm7   Dm   Bb   Ab   ^{Db7} F   Gm   Gm5-   C7   F

I

F   F7M   Bb7
Vem de uma remota b a t u c a d a
F   Bb7   Am7
Essa cadência bem marcada
       Am5-
Que uma baiana
D7   Gm   D7   Gm   Am5-   D7
Tem no andar.
     4
Gm   Gm7   Dsusp   D7   Gm Gm7
E   nos seus requebros e man e i r a s
D7   D7   Gm7
Na toda graça das palmeiras
     Dm7   G7
Esguias e altaneiras
         Bb
   Gm7   C   C7
A balançar...

II

A5+   D7   Am5-   D7
São   da cor do mar,   da cor da mata
Am5-   D7   Am7   Am5-
Os olhos verdes da mulata
    D7   Gm7
São cismadores e fatais,
D7   Gm7
Fatais...
Bbm7   Db7   F   Bb11+
E   no beijo ardente e perfumado
Am7   Dm7   D7   G7
Conserva o traço do pecado
      Gm7
Dos saborosos
C7   F
Cambucás...

Ó pé de anjo

Samba

J.B. Silva (Sinhô)

TOM — DÓ MAIOR
C   G7   C

Introdução: F7M   Em   Dm   G7   D7   G7   C   G13

```
     A7
C  E  A7   Dm           G7
Ó pé de anjo, ó pé de anjo,
Em  Dm7  G7          C7M
Es rezador, és rezador...
Em9    A7     Dm7
Tens um pé tão grande
         F
         G   G7    C7M
Que é capaz de pisar
Am    Dm7 G7    C
     Nosso   Senhor
              9
     G7   C  Dm7 G13
Nosso Senhor
```

```
C         A7    Dm7 G7
A mulher e a galinha
Dm7           G7       Em7 Dm9 C7M
Um e outro é interessei — ro
              C
Am7    D  D7  G7M Bm7
A  galinha pelo milho
   Am7     D7      Dm G7  G13
E a mulher pelo dinheiro
```

Boneca

Valsa

Benedito Lacerda
e Aldo Cabral

© Copyright 1935 by Editorial MANGIONE S.A. Sucessora de E. S. Mangione, S. Paulo - Rio de Janeiro - Brasil
Todos os direitos autorais reservados para todos os países - All rights reserved.

TOM — LÁ MENOR

Am   E7   Am

Introdução: G# E7 E9

     LAm7   E9-   Am7
Eu vi,   numa vitrine de cristal,
          F13   Em9
sôbre um soberbo pedestal,
   A7   Dm
uma boneca encantadora.
   E7   G#dm
No "Bazar das Ilusões",
          Am7 Am
no "Reino das F a s c i n a ç õ e s"
   B7
   F#
num sonho multicor
   B7
   F#   E7
todo de amor!

                C7M
   Am   E9-   G
Seus lábios entreabertos, a sorrir
    F7M   Em9
na boca rubra, a seduzir
                  Dm
  A7   Dm A7   F
como se fossem de verdade
  E7   Am
eram dois rubis serenos
         B7
dois símbolos carmenos
   E7 Am
de "Felicidade"

E7
Seu cabelo tinha a côr
         Am
de um sol a irradiar
fulvos raios de amor...
E7
Eram seus olhos, circunvagos,
  Am   F7
do romantismo azul dos lagos
    Am
"Mãos liriais"...
         G#dm
Uns braços divinais...
         Am
F7M   C
Um corpo alvo sem par...
     Am
Os pés muito pequenos...
F7M
Enfim,
    E7
eu vi nessa boneca
    Am
uma perfeita "Venus"

Até pensei

Chico Buarque de Hollanda

TOM — FÁ MAIOR
F   C7   F

Introdução: F   C7   F7M   Bb9^{11+}

    F7M   C7   F7M Bb7M Am7 Gm7
Junto à minha rua havia um bos — que
        C7   F7M   D7
Que um muro alto proibi — a
    Gm   Bbm6
Lá todo balão   caía
F7M   G7
Toda maçã nascia
    Gm   C9-   F C7 C+
E o dono do bosque nem via
 Fm Gm5- C7   Fm
Do lado   de lá tanta ventura
    Fm
    Eb
E eu a espreitar
   Bbm   C7
Na noite escura a dedilhar
     Fm7 Db7
Essa modinha
                Fm
C7 Gm5- C7   Eb
A felicida — de morava tão vizinha
    Db7   C7   Fm Bbm7 C7 C5+
Que de tolo até pensei que fosse minha

    F7M   C7   F7M Bb7M Am7 Gm7
Junto á mim morava a minha ama—da
      C7   F7M   D7
Com olhos claros como o di — a
    Gm   Bbm6
Lá o meu olhar   vivia
F7M   G7
De sonho   e   fantasia
    Gm   C9-   F C7 C5+
E a dona dos olhos nem via
 Fm Gm5+ C7   Fm
Do lado de lá tanta ventura
    Fm
    Eb
E eu a esperar
   Bbm   C7
Pela ternura que a enganar
     Fm Db7
Nunca me vinha
  C7   Gm5- C7
E eu andava po — bre
          Fm
    Fm7   Eb
Tão pobre de carinho
    Db7   C7   Fm C7 C5+
Que de tolo até pensei que fosse minha
                              Fm
C7   Gm5- C7   Fm   E
Tôda dor da vi — da me ensinou essa modinha
    Db7   C7   Fm C7 Fm
Que de tolo até pensei que fôsse minha

57

Retalhos de cetim

Samba

Benito di Paula

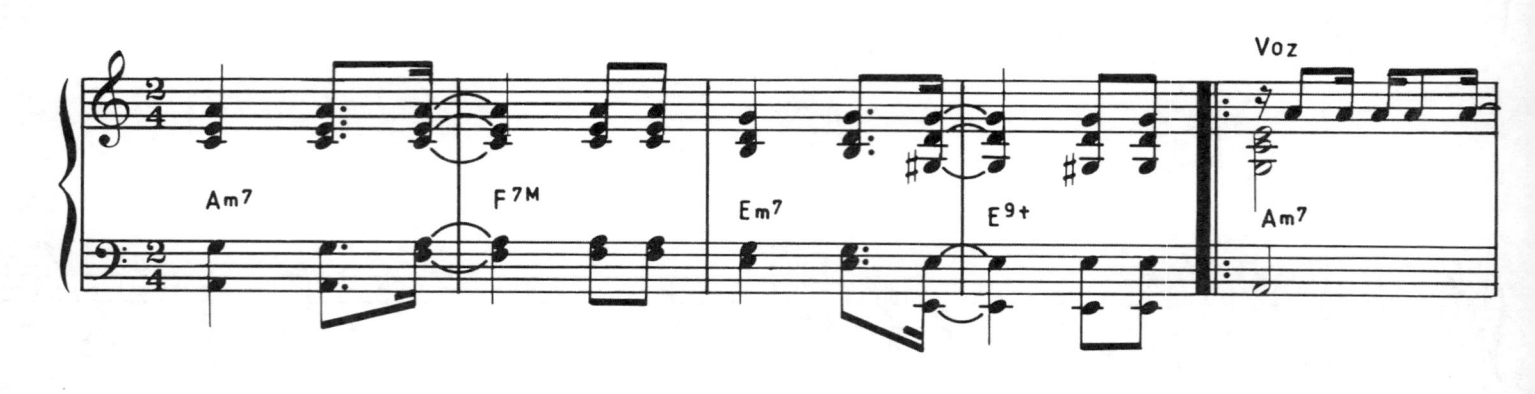

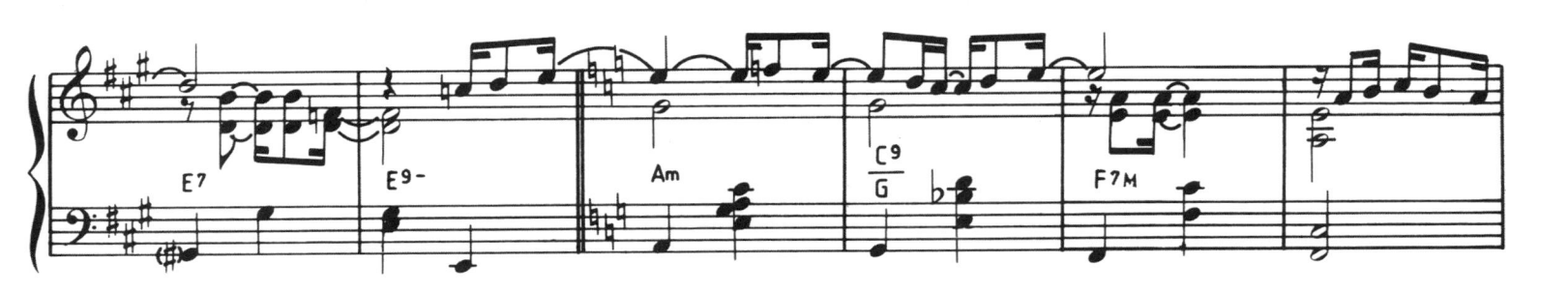

TOM — LÁ MENOR

Am   E7   Am

Introdução: *Am7   F7M   Em7   E9+*

Am7   *Am*   *Bm*
       G   *Em*   *E*
Ensaiei meu samba o ano inteiro
Am7   *Em*   *Em7*
Comprei surdo e tamborim
       Am
    G   *F#m5-*
Gastei tudo em fantazia
   F#dm   *F7M*
Era só o que eu queria
    Adm   *Abdm*   *E7*
E ela jurou desfilar prá mim

Am7   *Am7*   *Em7 Bm*
Minha escola estava tão bonita
Am7   *Am7*   *Em*   *Em7*
Era tudo o que eu queria ver
Am7   *F#m5-*
Em retalhos de cetim
   F#dm   *F7M*
Eu dormir o ano inteiro
   Adm   *Abdm*
E ela jurou desfilar prá mim

                   A
A7M A6 A7M   *G*
Mas chegou   o carnaval
      Bm7
   Bm A   *E7 E9-*
E ela não desfilou
          C9
     Am   *G*   *F7M*
Eu chorei na avenida, eu chorei
           F7
Não pensei que mentia
   E7   *Am7*   *Am9*
A cabrocha que eu tanto amei

Bis

Hoje

Canção

Taiguara

TOM — DÓ MAIOR
C   G7   C

Introdução: C7M   G13^{9-}

C
Hoje
      C7M
Trago em meu corpo
              Fm
As marcas do meu tempo
    Ab7   C
Meu desespero, a vida num momento
C   F6   9-
  D   D7   G G13
A fossa, a fome, a flor, o fim do mundo
C7M
Hoje
     C7M   Fm
Trago no olhar imagens distorcidas
  Ab7   C
Cores, viagens, mãos desconhecidas
     Em9 Am7   Gm7 C13
Trazem a lua, a rua as minhas mãos

   F7M
Mas hoje
  F#m5-   B7   Em
As minhas mãos enfraquecidas e vazias
    Em5-   A7   Dm7
Procuram nuas, pelas luas, pelas ruas
 G13   C7M G9-
Na solidão das noites frias por você

C
Hoje
     C7M   Fm
Homens sem medo aportam no futuro
 Ab7   C
Eu tenho medo acordo e te procuro
C   F6 9-
 D D7   G G13
Meu quarto escuro e inerte como a morte
C7M
Hoje
      C7M   Fm
Homens de aço esperam da ciência
  Ab7   C
Eu desespero e abraço a tua ausência
        Em9 Am7   Gm7 C13
Que é o que me resta vivo em minha sorte

F7M
Ah! a sorte
     F#m5-   B7   Em7
Eu não queria a juventude assim perdida
     Em5-   A7   D7
Eu não queria andar morrendo pela vida
                  Fm F6 9-   6
 Dm7   Fm7 Ab G G13 F7M FM6 C9
Eu não queria amar assim, como eu te amei.

O despertar da montanha

Tango de Salão

"Pelo Original"

Eduardo Souto

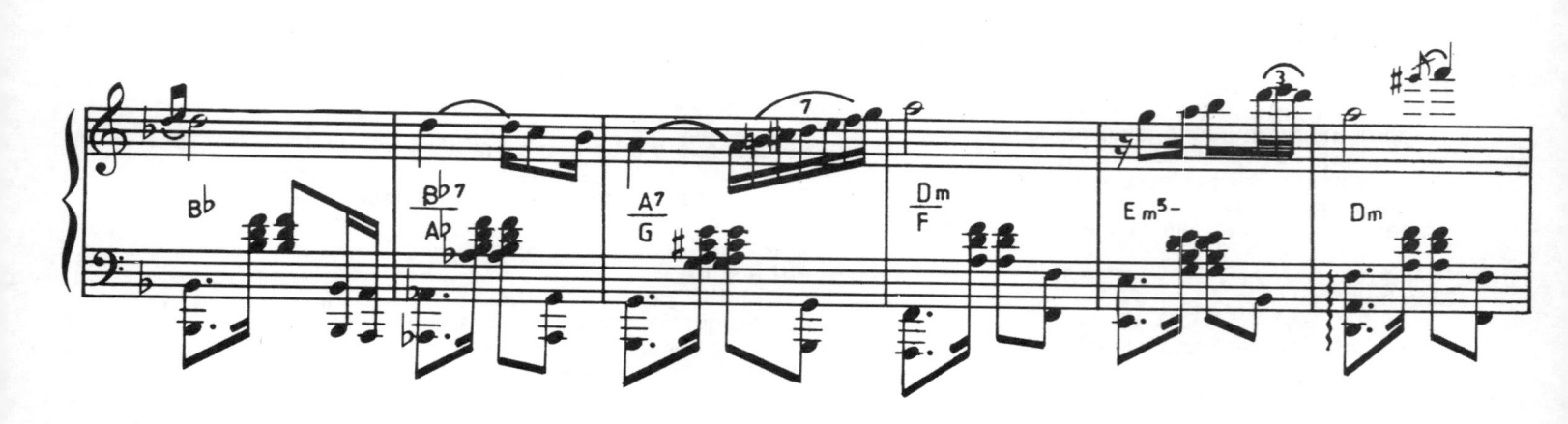

Em5-
Dm
Gm6
Dm/A
A7/E
A7
poco
Dm
mais forte
Em5-
Gm6/Bb
Dm/F
8va
A7/C#
8va
f
Dm/F
Dm
Em5-
Gm6/Bb
Dm/F
8va
8va
A7/C#
A7
Dm

D
A/E
F♯7/A♯
F♯7
Bm
E7
A7
D
B7
8va
Em
Gm6
D/A
A7/E
A7
D
8va
Do 𝄋 ao ⊕ e Coda
⊕ Coda
Dm
dim.
A7/E
A7
Dm
A7
B♭
retardando muito
G
Dm
Gm/D
Dm

Retrato em branco e preto

Samba-Bossa

Antonio Carlos Jobim
e Vinicius de Moraes

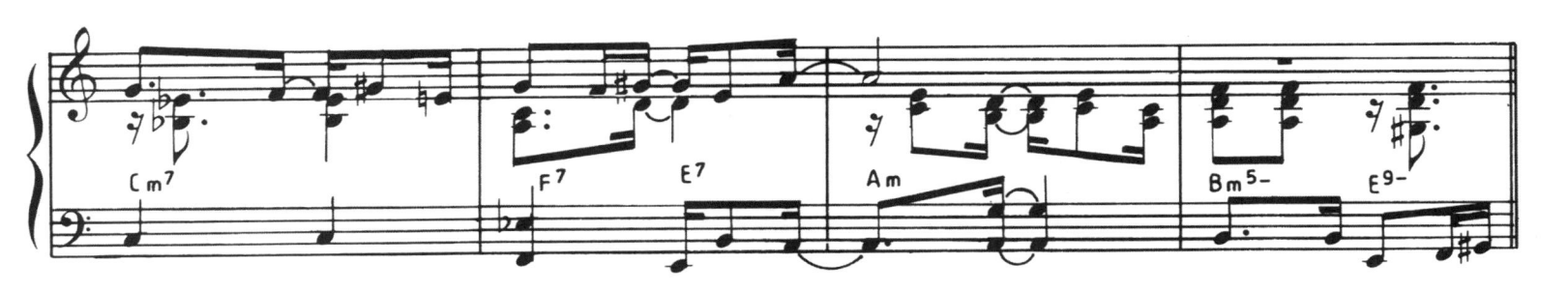

G13
C6/9
Am7
F♯m5-
B7
E7M
E13
Am7
Am7
F7
E7
Gm/B♭
C7
F9/7M
F6/9 7M
Dm7
Dm
D♯o
Am/E
Cm7
Cm6
Bm5-
F7
E7
Am
Bm4
E9-
ao
e

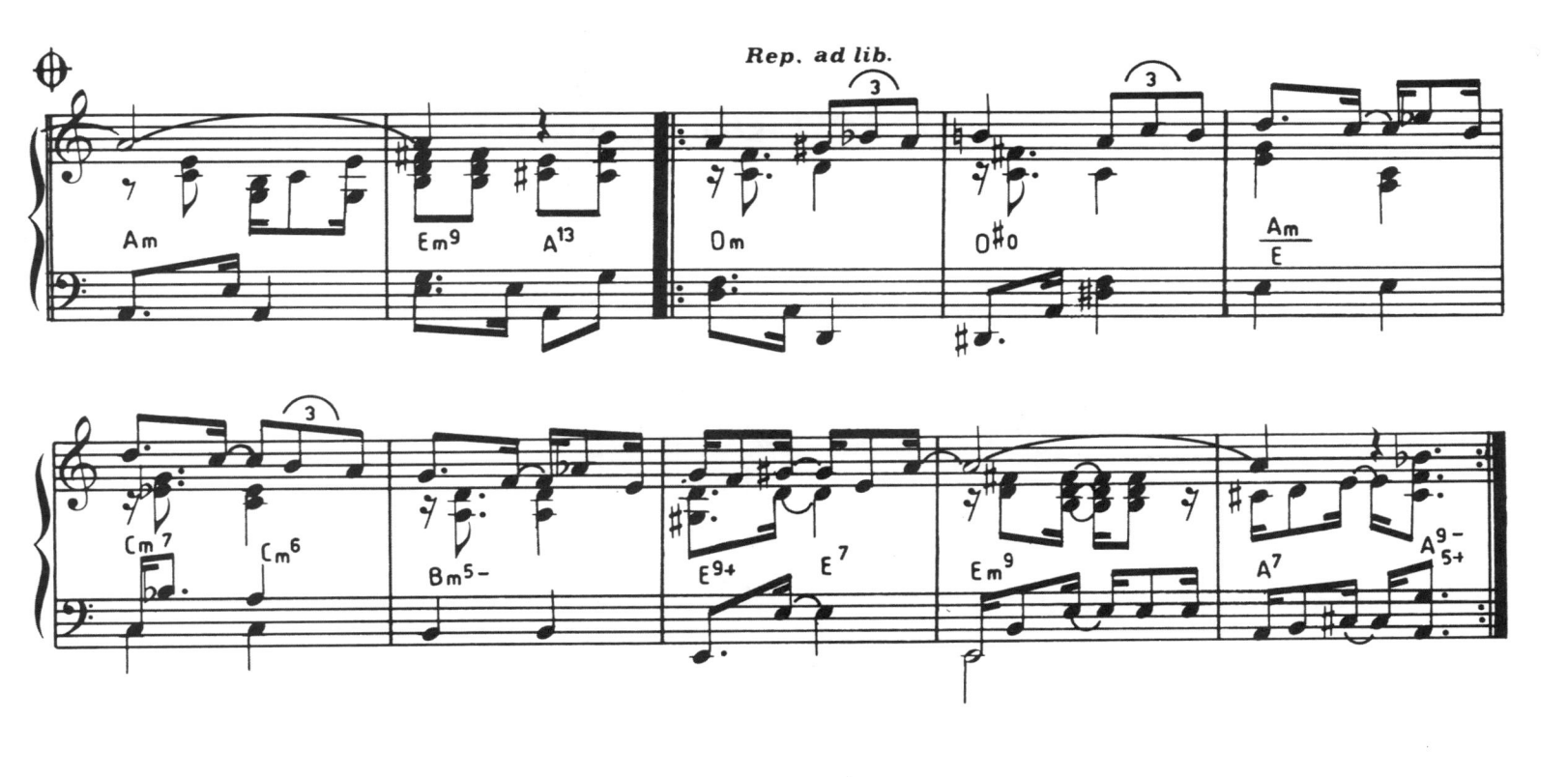

TOM — LA MENOR
Am   E7   Am

Introdução: Dm7 G13 C7M F7M Cm7 F7 Am Bm5- E9-

    Am   Bm7
Já conheço os passos dessa estrada
                Gm
   E7   Bb
Sei que não vai dar em nada
    A7   Dm9 A9-
Seu segredo sei de cór
                   6
Dm7   G13   C9
Já conheço as pedras do caminho
    Am7   F#m5-
E sei também que ali sózinho
B7   E7M
Vou ficar tanto pior
     E13   Am7
O que que eu posso contra o encanto
   Am7   F7   E7
Desse amor que eu nego tanto, evito tanto
                          6
  Gm   9   F7M
Bb   C7   F7M   9
E que no entanto volta sempre a enfeitiçar
Dm7 Dm   D#º   Am
Com seus mesmos tristes velhos fatos
    Cm7   Bm5-
Que num album de retratos
   F7   E7 Am Bm4- E9-
Eu temi colecionar.

    Am   Bm7
Lá vou eu de novo como um tolo
               Gm
 E7   Bb
Procurar o desconsolo
    A7   Dm9 A9-
Que eu cansei de conhecer
                    6
Dm7   G13   C9   Am
Novos dias tristes, noites claras, versos, cartas,
   F#m5-   B7   E7M
Minha cara inda volto a lhe escrever
     E13   Am7
Pra lhe dizer que isto é pecado
   Am7   F7M
Trago o peito tão magoado
               Gm
 E7   Bb
De lembranças do passado
                F7M6
C7   F7M9   9
E você sabe a razão
                  Am
Dm   D#º   E
Vou colecionar mais um soneto
   Cm7   Bm5-
Bis Outro retrato em branco e preto
                   A9-
  F7   E7 Am A7 5+
A maltratar meu coração.

(Repetir ad libitum)

Onde estão os tamborins

Samba

Pedro Caetano

TOM — Sib MAIOR
Bb   F7   Bb

Introdução: *Bb   G7   Cm   F7   Bb*

Bis {
        Cm
        Mangueira
   F   *F7*   *Bb*   *Eb*
   Onde é que estão os tamborins,, ó nega
  Bb   *Gm7*   *Cm*
  Viver somente de cartaz não chega
  F7   *Bb*
  Põe as pastoras na avenida
}

     Bb
Breque (Mangueira querida)

  Cm7   *F7*   *Dm*
Antigamente havia uma grande escola
  G7   *Cm7*
Lindos sambas de Cartola
 F7   *Bb*
Um sucesso de Mangueira
 Fm7 *Bb7*   *Eb*
Mas hoje o silêncio é profundo
 Gm7   *Fm7*
E por nada deste mundo
 Bb7   *Eb*
Eu consigo ouvir Mangueira

Vai levando

Chico Buarque
e Caetano Veloso

TOM — DÓ MAIOR
C   G7   C

Introdução: *Am7   Dm7   G7   C   C7M   Am7   Dm7   G13*

    C   *Ab7*
Mesmo com toda a fama
   Ab13   Dm9
Com toda a brahma
     G7
Com toda a cama
    Dm
Com toda a lama
   G7   C
A gente vai levando
  Em7   Dm7
A gente vai   levando
F#m5-   B7 Em
A gente vai   levando
Em7   Am7   Dm7
A gente vai   levando
    6
   C9   Dm9   G13
Essa chama

    C   *Ab7*
Mesmo com todo o emblema
   Ab13   Dm7
Todo   o   problema
     G7
Todo o sistema
    Dm7
Toda Ipanema
   G7   C
A gente vai levando
  Em7   Dm7
A gente vai   levando
F#m5-   B7   Em
A gente vai   levando
Em7   Am7   Dm7
A gente vai   levando
    6
   C9   Dm7   G13
Essa gema

  C7M   *Ab7*
Mesmo com o nada feito
   Ab13   Dm
Com sala escura
     G7
Com um nó no peito
    Dm
Com a cara dura
    F#m5-
Não tem mais jeito
 B7   Em   F#º G7
A gente não tem cura
  C   *Ab7*
Mesmo com todavia
  Ab13   Dm7
Com todo   dia
    G7
Com todo ia
   Dm
Todo não ia
  G7   C
A gente vai levando
  Em7   Dm7
A gente vai   levando
   F#m5-   B7   Em7
A gente vai   levando
Em7   Am7   Dm7
A gente vai   levando
    6
   C9   Dm7   G13
Essa guia

Chuva, suor e cerveja

Frevo

Caetano Veloso

© Copyright 1971 by Edições Musicais GAPA/SATURNO Ltda.
Todos os direitos Internacionais reservados - All Rights Reserved.

TOM — DÓ MAIOR
C   G7   C

Introdução: *Am Dm G7 C Am Dm G7 C G7 C*

              G7   *C*   *G7*   *C*
Não se perca de mim, não se esqueça de mim
      Am   *Dm* *A5+*
Não desapareça
Dm   *A7*   *Dm*   *A7*   *Dm*
A chuva tá caindo, e quando a chuva começa
            G7   *C*   *F7*
Eu acabo de perder a cabeça
C7M   *G7* *C*
     Não saia do meu lado
        G7   *C*
Segue meu pierrô molhado
              C7   *F*
E vamos embolar ladeira abaixo
                C
   D#°   *E*   *Am* *Dm7 G7*   *C*
Acho que a chuva , ajuda gente se ver
              C
  D#° *E*   *Am*   *Dm7*
Venha, veja, deixa, beija
     G7   *C* *G7*
Seja o que Deus quiser

            Am   *Dm*
     A gente se embola, s'imbora, embola
    Dm7 *G7*   *C*
     Só pára na porta de igreja
Bis   *Am*   *Dm*
     A gente se olha, se beija, se molha
    Dm7 *G7*   *C*
     De chuva, suor e cerveja.

Sábado em Copacabana

Samba

Dorival Caymmi
e Carlos Guinle

TOM — DÓ MAIOR
C   G7   C

Introdução: Dm9 Fm7 G5+ C7M C9 Dm G7

         C   Am7   Dm
Depois de trabalhar toda a semana
A5+   Dm   G7   C7M
Meu sábado não vou disperdiçar
      Am7   D7   G
Já fiz o meu programa para esta noite
      C   Eb   6
Em7 D   F   G9
Eu já sei por onde vou começar

       C7M   Em7 Am7   Dm7 G7
Um bom jantar depois de dançar: Copacabana
      Dm7   F
                G G7   C7M
Um só lugar para se amar: Copacabana
F
G   C7M   Eb dm G7   C7M
A noite passa tão depressa, mas vou voltar la
F
G   C7M   Ebdm   Em7
Prá semana, se e n c o n t r a r um novo amor em Copacabana
G13   C7M   A7   Dm G
Um bom lugar para encontrar: Copacabana
G7   Dm7 Dm9 G7 F9   Em5-A7
Prá passear à beira-mar: Copacabana
C7M   F7M   Em5-   Em7
Depois num bar à meia luz: Copacabana
                              6
Am7   Dm7   G7   C7M C9 F7M Fm9 C7M
Eu esperei por essa noite uma semana

Quase

Samba-Canção

Mirabeau e Jorge Gonçalves

TOM — DÓ MENOR
Cm   G7   Cm

Introdução: *Cm9   Fm   G5+   Cm   Fm   Cm*

     Fm
 Foi pensando em você
  Dm *G7* *Cm*
 Que eu escrevi esta triste canção
     Gm7
 Foi pensando em você
  C7 *C9-* *Fm*
 Que é o meu tormento e a minha paixão
 Bb7   *Eb   G5+   Cm9*
 É nestes versos que eu quero dizer
  Am7 *D7* *G7*
 O amor profundo que eu sinto por você

Bis {
 Cm   *Fm*
 Ai! O seu olhar me fascina
 Dm5- *G7* *Cm Cm9*
 Oh! como eu vivo a sofrer
    Gm5- *C7* *Fm*
 Quase que eu disse agora o seu nome sem querer
  Bb7   *Eb G5+ Cm9*
 Não quero que zombem de nós toda essa gente
  Fm *G7* *Cm*
 É por sua causa que eu estou tão diferente
}

Bis {
    Fm7 *Fm6* *Cm   Bb* *Cm*
 Bem pertinho de mim ele está   me ouvindo cantar
 Ab7M *Dm5-* *G7* *Cm   Fm9   Cm9*
 E juntinho dele eu estou   morrendo de amor.
}

Saudades de Ouro Preto

Valsa

Antenogenes Silva
e Edmundo Lys

© Copyright 1939 by Irmãos Vitale S.A. Ind. e Com. — São Paulo — Rio de Janeiro— Brasil
Todos os direitos autorais reservados para todos os países — All rights reserved

Dm7 Gm7 B♭7 A7 Dm7 G7
C C/E Dm G7 B♭7 A7
Dm7 G7 C C C7 F
B♭ Gm7 C7 F
F Gm C7 F
C7 F G7
D.C. e
C

Tatuagem

Chico Buarque de Hollanda
e Ruy Guerra

© Copyright 1973 by Cara Nova Editora Musical Ltda.
Todos os direitos autorais reservados - All rights reserved.

TOM — DÓ MAIOR
C   G7   C

Introdução: *Em5- A7 D9 G7 C Em5- A5+*

```
                              A
   Dm9        G#º            G
   Quero ficar no teu corpo feito tatuagem
Em5-       A7    Dm9
       Que é prá te dar coragem
                   G13
       Prá seguir viagem
                      C7M    Em5+  A7
       Quando a noite vem
F7M         F#º                    Em7
       E também prá me   perpetuar em tua escrava
A7           D7         Dm9
       Que você pega, esfrega, nega
G7            C     Em5-  A9-
       Mas não lava

                              A
   Dm9        G#º            G
   Quero brincar no teu corpo feito bailarina
Em5-       A7  Dm9
       Que logo se alucina
                   G13
       Salta e te ilumina
                      C7M    Em5-  A7
       Quando a noite vem
F7M         F#º                    Em7
       E nos músculos exaustos do teu braço
A7           D7         Dm9
       Repousar frouxa, murcha, farta
G7            C     Em5-  A9-
       Morta de cansaço
```

```
                              A
   Dm9        G#º            G
   Quero pesar feito cruz  nas tuas costas
Em5-       A7    Dm9
       Que te retalha em postas
                   G13
       Mas no fundo gostas
                      C7M   Em5-  A7
       Quando a noite vem
F7M         F#º                    Em7
       Quero ser a cicatriz risonha e corrosiva
A7           D7         Dm9
       Marcada a frio, a ferro, a fogo
G7            C     Em5-
       Em carne viva
F7M              F#m5-
       Corações de mãe
                B7     Em7   A7
       Harpões, sereias  e serpente              Fm
                D7          G7      C      Ab  Fm9  C7M
       Que te rabiscam o corpo todo mas não sentes.
```

Folhas mortas

Samba - Canção

Letra e Música
de Ary Barroso

TOM — DÓ MAIOR
`G   G7   C`
Introdução: `C7M   A7`⁵⁺ `Bb7   E7   E   Am   A7   D7   Db9`

                     F#m5- B7
       Sei que falam de mim
Gm
Bb   A7
   Sei que zombam de mim
      D7
   Oh! Deus,
  G13   G7   Em7 Am9
   Como sou infeliz
C7M   F#m B7
   Vivo a margem da vida
Gm
Bb   A7
   Sem amparo ou guarida
      D7
   Oh! Deus,
   G7   C
   Como sou infeliz.

F   F#m5-
Já tive amores,
Gm   C7
Tive carinhos,
Am   Dm7
Já tive sonhos,
Bb7
Os dissabores
  Am7   Dm
Levaram minha'alma
G7   C   Am9 Dm9 G13
Por caminhos tristonhos.
C   C7M   F#m5-   B7
Hoje sou folha morta
Gm
Bb   A7
Que a corrente transporta
    D7
Oh! Deus,
                     5+
G7   C F11 E7 C7
Como sou infeliz.
F7   F#m5- B7
Eu queria um minuto apenas
C
E   C7M   A7
Pra mostrar minhas penas
   Dm
Oh! Deus,
 G7   C
Como sou infeliz!...

Tristezas não pagam dívidas

Samba

Manoel Silva

© Copyright 1932 by Irmãos Vitale S.A. Ind. e Com. São Paulo - Rio de Janeiro - Brasil
Todos os direitos autorais reservados para todos os países - All rights reserved.

TOM — RÉ MAIOR
D   A7   D

Introdução: D7M G7M A5+ A7 Fm7 B9- Em7 A7 D D9⁶

Bis
$\begin{cases}\end{cases}$
     A5+
   7   D7M
Tristezas não pagam dívidas
   Bm4   G7M
Não adianta chorar...
          D6
  A5+   9
Deve se dar o desprêzo
   Bm7   E7 A7 D Bm E7 A7 D
A toda a mulher que não sabe amar.

A7
                 D7M
  O homem deve saber
D7
                 G7M
  Conhecer o seu valor...
         G
Em7   A   F#m7
  Não fazer como o Inácio,
    B7   Em7
  Que andou muito tempo
   A7   D   Bm E7 A7 D
  Bancando o ''seu'' Estácio.

Estribilho

Tristezas não pagam dívidas, etc.

A7
             D7M
Nunca se deixa a mulher
D7
            G7M
Fazer o que ela entender,
       G
Em7   A   F#m7
Pois ninguém deve chorar
 B7   Em7
Só por causa de amor
 A7   D   Bm E7 A7 D Gm D7M
E nem se lastimar.

Testamento

Samba

Toquinho e
Vinicius de Moraes

G7
Gm7
C9
2ª vez corô
F
F
D9
Gm7
C7
Am5-
D7
G7
C7
F
C13
Falado
F
Bb7
Am5-
D7
1.
G7
C7
F
C13
2.
G7
C9

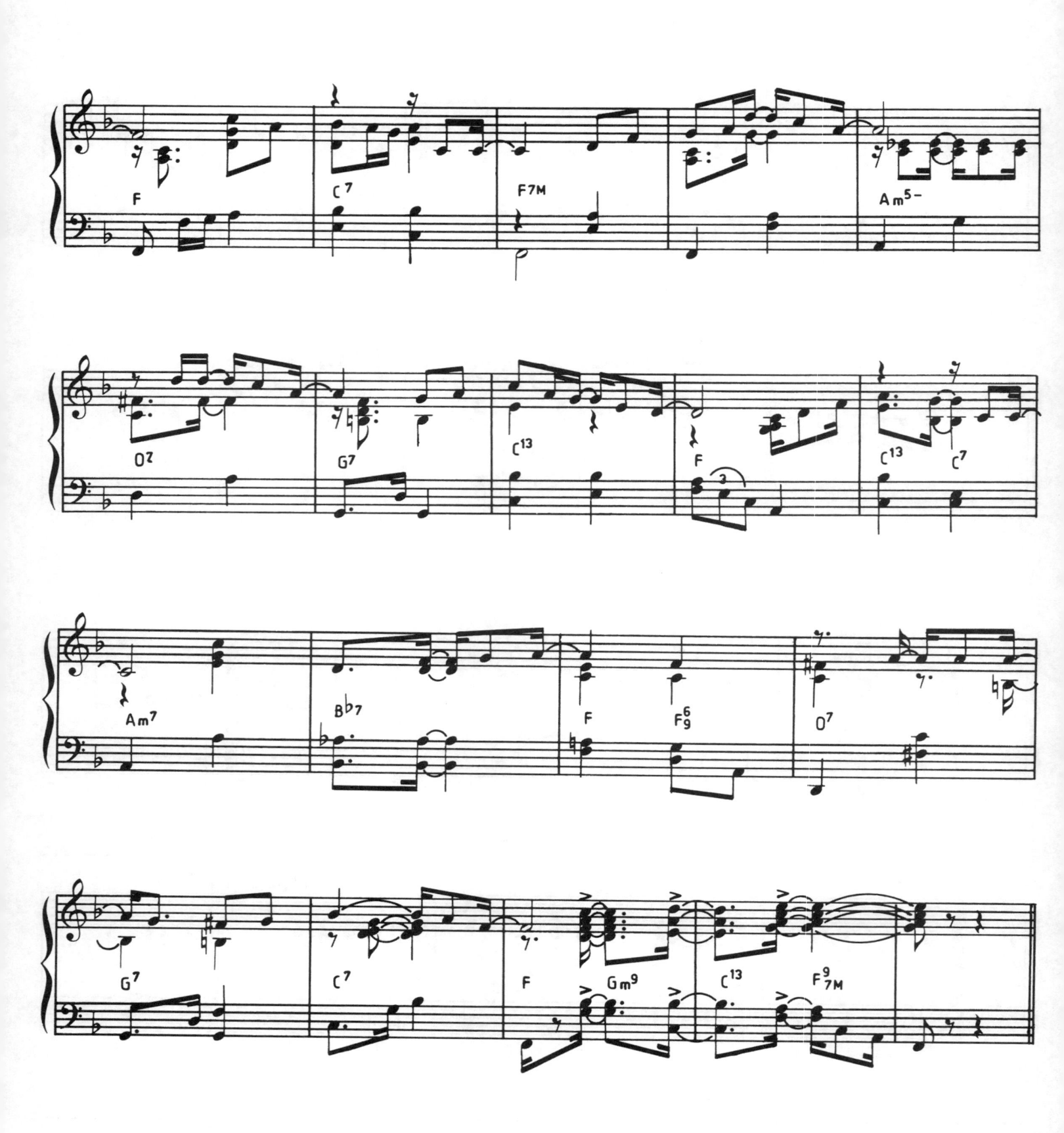
F
C7
F7M
Am5-
D7
G7
C13
F
C13
C7
Am7
B♭7
F
F6/9
D7
G7
C7
F
Gm9
C13
F9/7M

TOM — FÁ MAIOR
F   C7   F

Introdução: F Am5-D7 G7 C7 F G13 C7

```
     F7M         F            G7
    Você  que só ganha prá juntar
           Gm7         C7          F
    O que é que  há, diz prá mim, o que é que há
C13    F           G7
    Você vai ver um dia
          Gm7      C7    F
    Em que  fria você vai entrar...
```

```
      F     D7     Gm7
     Por cima uma lage
Bis   C7           Am5-
     Embaixo a escuridão
      D7   G7    C7    F
     É fogo, irmão! É fogo, irmão!
```

(Falado)

Pois é amigo, como se dizia antigamente, o buraco é mais embaixo...
E você com todo o seu Baú, vai ficar por lá na mais total solidão,
Pensando à beça que não levou nada do que juntou: só seu terno de
Cerimônia. Que fossa, hein, meu chapa, que fossa...
Você que não para prá pensar.
Que o tempo é curto e não para de passar
Você vai ver um dia
Que remorso... Como é bom parar...

```
      F     D7     Gm7
     Ver um sol se pôr
Bis   C7           Am5-
     Ou ver um sol raiar
      D7   G7    C7    F
     E desligar... e desligar...
```

(Falado)

Mas você, que esperança... bolsa, títulos, capital de giro, public
Relations (e tome gravata!), Protocolos, comendas, caviar, champagne
(E tome gravata!), o amor sem paixão, o corpo sem alma, o pensamento
Sem espírito (e tome gravata!)
E lá um belo dia, o enfarte; ou, pior ainda, o psiquiatra...
Você que só faz usufruir
E tem mulher prá usar ou prá exibir
Você vai ver um dia
Em que toca você foi bolir

```
      F     D7     Gm7
     A mulher foi feita
Bis   C7           Am5-
     Pro amor e pro perdão
      D7   G7    C7    F
     Cai nessa não... cai nesssa não
```

(Falado)

Você, por exemplo, está aí com a boneca do seu lado, linda e
Chiquérrima, crente que é o amo e senhor do material. É amigo
Mas ela anda longe, perdida num mundo lírico e confuso, cheio de
Canções, aventura e magia. E você nem sequer toca a sua alma.
E as mulheres são muito estranhas, muito estranhas...
Você que não gosta de gostar
Prá não sofrer, não sorrir e não chorar
Você vai ver um dia
Em que fria você vai entrar!

```
      F     D7     Gm7
     Por cima uma lage
Bis   C7           Am5-
     Embaixo a escuridão
      D7   G7    C7    F
     É fogo, irmão! É fogo, irmão!
```

Pierrot apaixonado

Marcha

Heitor dos Prazeres
e Noel Rosa

© Copyright 1935 by Editorial Mangione S.A. Sucessora de E. S. Mangione — São Paulo.
Todos os direitos reservados para todos os países. — All rights reserved

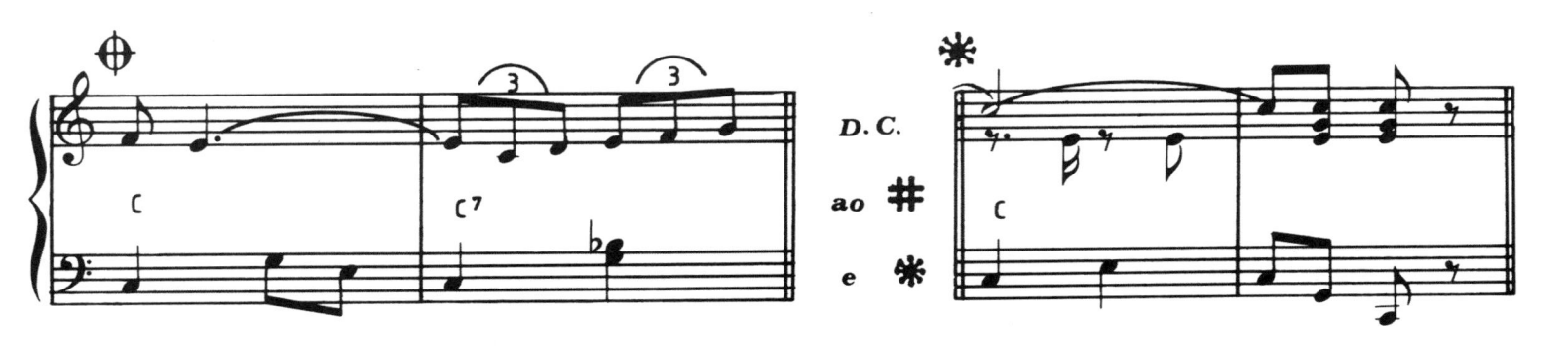

TOM — DÓ MAIOR
C   G7   C

Introdução: *F Fm6 C D7 Fm6 C D#° Dm Dm7 G7*

     C   G7 C
Um pierrot apaixonado,
        A7   Dm
Que vivia só cantando,
C7   F   F#°   C E
Por causa de uma Colombina,
    Am   Dm7
Acabou chorando,
 G7   C   G7
Acabou chorando!

     C   G7 C
A Colombina entrou no botequim,
     A7   Dm7
Bebeu... Bebeu... saiu assim... assim...
     F   Fm6   C
Dizendo: "Pierrot cacête,
    A7   D7
Vai tomar sorvete
   Fm C   Am Dm7 G7
Com o Arlequim

                         C   G7 C
Um grande amor tem sempre um triste fim
     A7   Dm7
Com o Pierrot aconteceu assim!...
 F   Fm6   C
Levando este grande "shoot"
   A7   D7
Foi tomar "vermuth"
   Fm C   Am Dm7 G7
Com amendoim!

Chuvas de verão

Samba - Canção

Fernando Lobo

TOM — RÉ MENOR
Dm A7 Dm

Introdução: *Dm Eb Dm Em7 A7*

I

       Dm7   *Bb7M*   *Gm*
                                 Bm5- Bb
Podemos ser amigos simplesmente
  A7   *Gm*   *Dm*
Coisas do amor, nunca mais
A7 *Dm*   *Bm5- E7* *Am7*
Amores do passado, no presente
                Gm
Am *E7*   *Bb*   *A7*
Repetem velhos temas, tão banais...
  Dm   *Dm7* *Bm5- Gm7*
Ressentimentos passam como o vento,
 Em5-   *A7*
São coisas de momento,
 Am5-   *D7*
São chuvas de verão.
 Am5-   *D7*   *Gm7*
Trazer uma aflição dentro do peito,
 Em5- *A7*   *Dm*
É dar vida a um defeito
 E7   *A7*   *Dm* *D9-*
Que se cura com a razão.

II

  Gm7   *C7*
Estranha no meu peito
  F7M   *Am5-*
Estranha na minha alma.
D7 *Gm*   *C7*
Agora eu vivo em calma,
 Bb7   *Em7*
Não te conheço mais...
           Dm   *Gm*
Dm   *C*   *Bm5- Bb*
Podemos ser amigos, simplesmente...
E7   *A7*   *Dm7 Bb7 A7*
Amigos, simplesmente e nada mais. (para voltar ao 1.º)

                 Dm A7 Dm
Para terminar: e nada mais

Marina

Samba

Dorival Caymmi

TOM — FA MAIOR
F C7 F

Introdução: F7M Bb   Db Bb 9-
              C   C Bbm6 A9 G7 Bb7M Gm7 C7 C9- Eb C C13

Marina, morena Marina, você se pintou,
Marina, você faça tudo, mas faça um favor.
Não pinte esse rosto que eu gosto,
Que eu gosto, e que é só meu
Marina, você já é bonita com que Deus lhe deu.

Me aborreci, me zanguei, já não posso falar
E quando eu me zango, Marina, não sei perdoar,
Eu já desculpei muita coisa
Você não arranjava outro igual
Desculpe, Marina morena,
Mas eu estou de mal,
De mal com você... de mal com você!

Canto de Ossanha

Bossa

Baden Powell
e Vinicius de Moraes

A7/G
Cm/G
Cm/G
Gm
A7/G
Gm
A7/G
O9
G
G6 9
1.
Bm7
Em7
A13
A7
Am
O7
2.
C/O
Gm
F7
Gm
Gm7
Gm
Gm7
A7
Cm7
ao
e

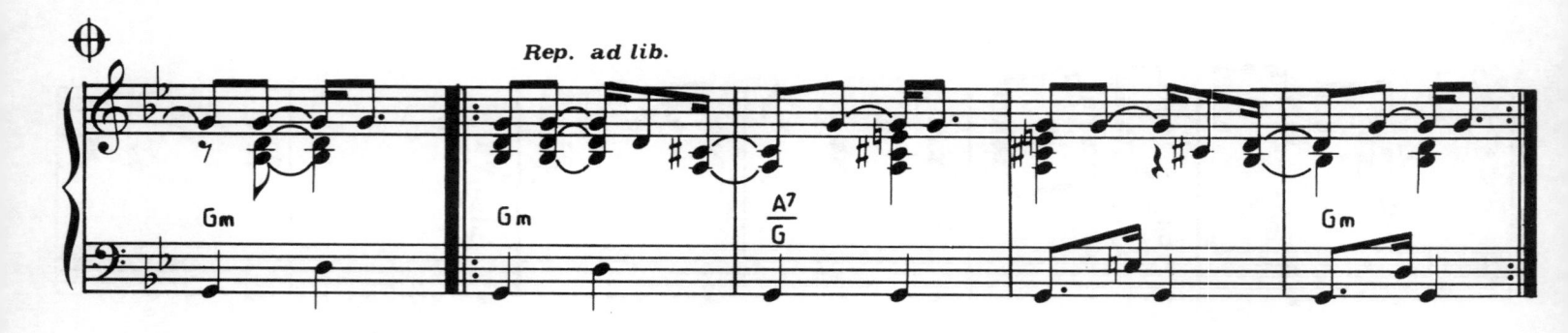

TOM — SOL MENOR
Gm   G7   Gm

Introdução: Gm9 C7 Cm7 Gm

                 A7
   Gm   *G*
O homem que diz dou não dá
                  Gm
Porque quem dá mesmo não diz
                A7
              G
O homem que diz vou não vai
                Gm
Porque quando foi já não quis
              A7
           G
O homem que diz sou não é
    Cm
     G   *Gm*
Porque quem é mesmo é, não sou
              A7
           G
O homem que diz tô não tá
    Cm
     G   *Gm*
Porque ninguém tá quando quer
                A7
Gm   *Gm7*   *G*
Coitado do homem que cai
 Cm
  G   *Gm*
No canto de Ossanha traidor
              A7
    Gm7   *G*
Coitado do homem que vai
 Cm
  G   *Gm*
Atrás de mandinga de amor
            A7
           G
Vai, vai, vai, vai não vou
            Gm
Vai, vai, vai, vai, não vou
           A7
          G
Vai, vai, vai, vai, não vou
   D9   *G*
Vai, vai, vai, vai, não vou
   6
  G9
Que eu não sou ninguém de ir
           Bm7
Em conversa de esquecer
 Em7   *A13*   *Am*
A tristeza de um amor que passou

        6
D7 *G*   *G9*
Não, eu só vou se for prá ver
          Bm7
Uma estrela aparecer
    C
  D   *Gm*
Na manhã de um novo amor
Gm   *F7*
Amigo senhor saravá
             Gm
Xangô me mandou lhe dizer
               A7
Se é canto de Ossanha não vá
        Cm7 *Gm*
Que muito vai se arrepender
        A7
        G
Bis {Pergunte pro seu Orixá
      Cm7 *Gm*
    O amor só é bom se doer
         A7
        G
Vai, vai, vai, vai, amar
          Gm
Vai, vai, vai, vai, sofrer
Vai, vai, vai, vai, chorar
    D9   *G*
Vai, vai, vai, vai, dizer
    6
  G9
Que eu não sou ninguém de ir
          Bm7
Em conversa de esquecer
 Em7   *A13*   *Am*
A tristeza de um amor que passou
        6
D7 *G*   *G9*
Não, eu só vou se for pra ver
         Bm7
Um estrela aparecer
     C   *Gm*
Na manhã de um novo amor

Para terminar:

          A7
Gm   *G*
Vai, vai, vai, vai, amar
          Gm
Vai, vai, vai, vai, sofrer
         A7
        G
Vai, vai, vai, vai, chorar
          Gm
Vai, vai, vai, vai, viver

Prá que mentir

Samba

Vadico e Noel Rosa

B♭m7
C9-
Fm
Fm9
Dm5-
G5+
C7
Fm
C9-
Fm7
B♭m7
B♭m6
Fm
D♭7M
Gm5-
C9-
Fm
C9-
Fm7
G5+
Gm7 5-
C7
C13
F
B♭/C
F7M
B♭m6
F7M
A5+
Dm7
B♭7M

TOM — FÁ MENOR

Fm   C7   Fm

Introdução: *Fm   Cm5-   Bbm7   Eb9   Bbm7   C5+   C   Db   C9*
                                                          Bb

    Fm   C7
Prá que mentir,
    Fm7   Bbm Bbm6 Fm9
Se tu ainda não tens esse dom
Bbm7   Fm9 Bbm Ab7M Db7M
De saber i l u d i r?
    Bbm7 C7   Fm9
Pra que!   Pra que mentir,
    Dm5-   G5+   C7
Se não há necessidade de me trair?
    Fm   C9-
Prá que mentir,
    Fm7   Bbm7
Se tu ainda não tens
Bbm6 Fm   Db7M   Gm5-
A malícia de toda mulher?
    Fm7   C7
Pra que mentir,
    Fm7   G5+
Se eu sei que gostas de outro,
    Gm7
Que te diz
C7 C13   F
Que não te quer?

    F7M   Bbm6   Fm
Pra que mentir tanto assim
              A5-
Se tu sabes que eu já sei
          Bb7M   B°
Que tu não gostas de mim?
    A7   Dm
Tu sabes que eu te quero,
    C7   F   F6
Apesar de ser traído,
    Fm7   Bbm7
Pelo teu ódio sincero
    Db7M   Bb   C7
Ou por teu amor fingido?

Chica da Silva

Samba

Anescar
e Noel Rosa de Oliveira

B♭ G7 Cm7 F7 B♭7M Cm7 F7
B♭ F13 B♭ C7 F Dm7
Gm7 C7 Cm4 F7 Cm7 F7
B♭ G7 Cm7 F7 B♭ F13 F7 B♭
Dm7 G7 Cm F7 B♭ F7
B♭ G7 Cm F7 B♭ Cm7 F7

Bb Gm7 Cm Fm6 Cm F7 Bb
Eb7 Bb Gm Cm F7
Eb7 Dm7 Cm4 Bb Gm7 Cm Eb/F
F7 Bb Cm7/F Bb Cm7
F7 Bb Eb7 Bb G7 Cm
F Cm7 F7 Cm7 F7

TOM — Sib MAIOR
Bb   F7   Bb

Introdução: F7

I

Bb   Cm7   Dm7
A p e s a r...
Bb7M   G7   Cm7   Fm   G7
De não possuir grande beleza
Cm7   F7
Chica da Silva
          Cm
Surgiu no seio
Cm
  B   Gb7   F7
Da mais alta nobreza
Bb   Eb7M
O contratador
Bb7   Eb
João Fernandes de Oliveira
Cm   F7
A comprou
             Bb
Para ser a sua companheira
Bb   G7   Cm
E a mulata que era escrava
F7   Bb7   Cm7   F7   Bb
Sentiu forte transformação
F13   Bb   C7   F   Dm7
Trocando o gemido da senzala
Gm7   C7   Cm4   F7
Pela fidalguia do salão
Cm7   F7   Bb   G7
Com a influência e o poder do seu amor
       Cm7
Que superou
F7   Bb   F13
A barreira da côr
F7   Bb   Dm7   G7
Francisca da S i l v a
Cm   F7   Bb   F7
Do cativeiro zombou, ô ô ô ô
Bb   G7   Cm   F7   Bb   Cm7   F7
Ô   Ô   Ô   Ô   Ô   Ô   Ô
Bb   G7   Cm   F7   Bb   Cm7   F7
O   Ô   Ô   Ô   Ô   Ô   Ô

II

Bb   Gm7   Cm   Fm6 Cm7
No arraial do Tijuco
      F7   Bb   Eb7
Lá no Estado de Minas
Bb   Gm   Cm
Hoje lendária cidade
F7   Eb7   Dm7   Cm4
Seu lindo nome é D i a m a n t i n a
Bb   Gm7   Cm
Onde viveu a Chica que manda
Eb
  F   F7   Bb
Deslumbrando a sociedade
Cm7
  F   Bb   Cm7
Com orgulho e o capricho da mulata
       F7   Bb   Eb7
Importante magestosa e invejada
Bb   G7   Cm
Para que a vida lhe tornasse mais bela
    F   Cm7   F7
João Fernandes de Oliveira
           Cm7
Mandou construir
                Eb
F7   Cm   F   Dm7 Cm7
Um vasto lago e uma belíssima galera
Bb   Eb
E uma riquíssima litera
       Cm
Para conduzi-la
      F7
Quando ia assistir
                 6
        Bb   Bb9
A missa na capela

Roda viva

Samba

Chico Buarque de Hollanda

Moderato

F#m5- B7 Em Em A/G Am7 D7
E7 Am Am/G F#m B7 Em Em/D
C7 Am7 Em7 E7 Am D9 G7M
F#7 B7 E7 Am7 D7
G7M F#7 B7 Em C7 F#m7 B7

Em
Do
ao
Em
Em
C7
F#m5-
Em
Am7
D7
G
F#7
B7
E7
Am7
D7
G7M
F#m5-
B7
Em
C7
F#m5-
B7
Em
B
ao
e
2.
2.
C7M
F#m5-
B7
Em
Am7
B7
Em

TOM — MI MENOR
Em   B7   Em

                  Am
Introdução: *E7 Am7   G   F#m5- B7 Em*

    Em   *C7*
Tem dias que a gente se sente
          Am7   *Em9*
Como quem partiu ou morreu
           Am7   *D7 G7M*
A gente estancou de repente
           F#7   *B7*
Ou foi o mundo então que cresceu.
      E7   *Am*
A gente quer ter voz ativa.
        D7   *G7M*
No nosso destino mandar
  C7M   *F#7*   *B7 Em*
Mas eis que chega a roda viva
Em
  D   *C7*   *F#m- B7*
E carrega o destino prá lá

   Em
Roda mundo roda gigante,
     A7   *Am7 D7*
Roda moinho roda pião
     E7   *Am*
O tempo rodou num instante
  Am7   *F#m7* *B7 Em*
Mas voltas do meu coração

     Em   *C7*
A gente vai contra a corrente
   Am7   *Em7*
Até não poder resistir
   E7   *Am7* *D9 G7M*
Na volta do barco é que sente
   F#7   *B7*
O quanto deixou de cumprir
       E7   *Am7*
Faz tempo que a gente cultiva
     D7   *G*
A mais linda roseira que há
        F#7   *B7 Em*
Mas eis que chega a roda viva
    C7   *F#m7 B7*
E carrega a roseira prá lá.

   Em
Roda mundo roda gigante, etc.

 Em   *Em*   *C7*
A roda da saia mulata
          F#m5-   *Em*
Não quer mais rodar não senhor
        Am7 D7 G7M
Não posso fazer serenata
  F#7   *B7*
A roda de samba acabou.
       E7   *Am7*
A gente toma a iniciativa
   D7   *G7M*
Viola na rua a cantar
           F#m5   *B7 Em*
Mas eis que chega a roda viva
        C7   *F#m5- B7*
E carrega a viola prá lá

   Em
Roda mundo roda gigante, etc.

       Em   *C7*
O samba, a viola, a roseira
        F#m5-   *Em*
Um dia a fogueira queimou
       Am7 D7 G7M
Foi tudo ilusão passageira
       F#7   *B7*
Que a brisa primeira levou
      E7   *Am7*
No peito a saudade pratica
    D7   *G7M*
Faz força pro tempo parar
          F#7   *B7 Em*
Mas eis que chega a roda viva
   C7   *F#m5-* *B7*
E carrega a saudade prá lá.

   Em
Roda mundo roda gigante, etc.

Até amanhã

Samba

Noel Rosa

TOM — MI MENOR

Em   B7   Em

Introdução: *Am B7 Em7 Em F#7 B7 Em Eb7 D7*

         G   G7M   C7   *G7M*
Até amanhã   se Deus quizer
C7   *G9*   *C7*   *F#m5-*   *B7*
Se não chover eu volto pra te ver   ó mulher
   Am7   *B7*   *Em*
De ti   gosto mais que outra qualquer
     F#7   *B7*   *Em   D7*
Não vou por gosto, o destino é quem quer.

B7   *Em*
Adeus é pra quem deixa a vida
 D7   *G*   *G7M Bm7*
É sempre na certa que jogo
 B7   *E7*   *Am*
Três palavras vou gritar por despedida
   A7   *D7*
Até amanhã, até já, até logo

        G   G7M   C7
Até amanhã   etc.

Nova ilusão

Samba

Pedro Caetano
e Claudionor Cruz

© Copyright 1941 by E. S. Mangione — Editor — São Paulo — Brasil
Todos os direitos autorais reservados — All rights reserved

TOM — DÓ MENOR

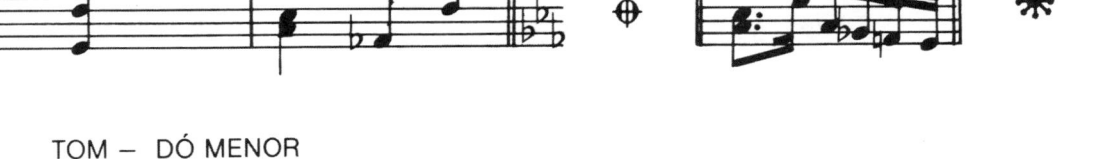

Cm   G7   Cm

Introdução: F Em7 C5+ F G7 C9⁶

    Cm7   Ab7   Dm5-
É nos teus olhos a luz
    G7   Cm7
Que ilumina e conduz
   Ab7   G7
Minha nova ilusão
Am7   D7   G7M
É nos teus olhos que eu vejo
   Em   Am
O amor, o desejo
   D7   Dm5- G7
Do meu coração
 Cm7   Ab7   Dm5-
Es um poema da terra
   G7   Cm7
Uma estrela no céu
            Fm
Ab7   Ab
Um tesouro no mar
G7 Gm5-   C7   Fm
Es tanta felicidade
  G7   Cm
Que nem a metade
  G7   Cm
Consigo exaltar

   C7M   D7
Se um beija-flor descobrisse
       Dm7
A doçura e a meiguice
   G7   C7M
Que os teus lábios tem
        Em5-
Não mais roçaria
  A7   Dm7
As asas brejeiras
         Dm5-
Por entre as roseiras
   G7   C7M
Em jardins de ninguém
   F7M   Em7
Ó dona dos sonhos
   Am7   D7
Ilusão concebida
        Dm7
Surpresa que a vida
   G7   Gm7   C7
Me fez das mulhe — res
F7M   Em
Há no meu coração
          F7M
Um amor em botão
              Fm
  G7   C   Ab G7
Que abrirá se quiseres

Batida diferente

Samba Bossa

Durval Ferreira e
Maurício Einhorn

TOM — SOL MAIOR
G   D7   G

Introdução: Bm7 E9+ Am7 D9+ Bm7 E9+ Am7 D9+ G

I

G   Dm7
Veja como bate engraçado
   G7   C7M
O meu coração assim
Cm7   F7   Bm7
Tum, tum, tum, tum, tum, tum, tum,
                 E9+
Tum, tum, tum, tum, tum
                                          C
Am7   D9+   Bm7 E9+ D D13
Tum, tum, tum, tum, tum, tum
G   Dm7   G7
Bate realmente sincopado assim
      C7M   Cm7
Tum, tum, tum, tum, tum, tum,
      F7   Bm7
Tum, tum, tum, tum, tum, tum,
      E9+   Am7
Tum, tum, tum, tum, tum, tum,
      E9+   G
Tum, tum, tum, tum, tum,

II

Dm   G7   Dm7   G7
Si   no coração batida diferente
C7M   C
Faz você vibrar
Em9   A7
Eu   vou te mostrar
  Em9   A7
Que no meu coração
  Am7
O tum, tum, tum, tum,
D9+
Pode variar

115

Prá seu governo

Samba

Haroldo Lobo
e Nilton de Oliveira

TOM — Mib MAIOR

Mib   Bb7   Mib

Introdução: Ab Eb7 Ab7M Fm7 Eb7M Cm7 Bb Cm C7 Fm7 Bb Fm7 Am5- Ab7M Eb

Bis

Bb susp   Eb   C7   Fm7
Você   não é   mais meu amor
Bb7   Eb7M   C7   Fm7
Porque vive a chorar
Fm7   Bb7   Eb7M
"Prá seu   governo"
C9-   Fm   Bb7   Eb
Já tenho outra em seu lugar

Bb7   Eb   Bb7   Eb
Pedi   para voltar
Fm7   Gm7   C7   Fm7   C9-
Porém você não me atendeu
Fm7   C9-   F7
Agora o   nosso amor
F7   F7   Fm7   Bb7   Bb13
"Prá seu governo" já morreu.

117

Implorar

Samba

Kid Pepe
e Germano Augusto (Gaspar)

TOM — SOL MAIOR
G   D7   G

Introdução: E9- Am7 D7 G A7 C7M Am Am7 D7

Côro
```
         G    C7      G   C7
  Implorar    só a Deus,
         G7M
  Mesmo assim
                             Dm
          Em    Am7 Am6  A
  Às vêzes não sou atendido
    4
  Am  Dsusp  D9         Em
  Eu amei   e   não venci
         A7
  Fui um louco,
                   D7
  Hoje estou arrependido
```

```
       Am4      D7    Am7
Foi-se meu sonho  azulado
          D7        G
Minha ilusão mais querida
       C7M          F#°
Perdi o  meu bem amado
          B7      Em
Minha esperança na vida
      E7     E9-  Am7
Passei a vida implorando
         D7        G
Aquela infeliz amizade
      Dm7
        F    E7     Am7
Tudo  na vida se passa
         D7     G
Loucuras da mocidade.
```

```
       Am7    D7    Am7
Hoje no  mundo  sózinho
          D7          G
Relembrando o meu passado
       C7M            F#°
Não tenho mais um carinho
          B7     Em
Na vida tudo acabado
          E7   E9    Am7
Fui um louco, eu bem sei
         D7        G
Implorar  tua beleza
Dm7  E7         Am7
Pelo teu amor fiquei
         D7        G
Contemplando a natureza
```

119

Atrás do trio elétrico

Caetano Veloso

TOM — FÁ MAIOR
F   C7   F

Introdução: F7M   D7   Bb6   F   C7   F

Bis:
$\begin{array}{l}\quad F7M\qquad\quad Gm\\ \text{Atrás do trio elétrico}\\ C7\\ \text{Só não vai quem já morreu}\\ F\qquad\qquad D7\\ \text{Quem já botou pra rachar}\\ Gm\qquad\qquad C7\\ Bb\ \text{Aprendeu,   que é do outro lado}\\ Gm\qquad\qquad C7\\ \text{Do lado, de lá do lado}\\ \\ Gm\qquad\quad C7\quad\ F\quad (Dm7\ \substack{F\\A})\\ \text{Que é lado, lado de lá}\end{array}$

```
              F           F7M
       O sol é seu o som é meu
                      D7
       Quero morrer,   quero morrer já
   Gm           Gm7        C7
       O som é seu, o sol é meu
       Quero viver, quero viver lá
   F              F7M
       Nem quero saber se o diabo nasceu
                F7
       Foi na Bahi,  foi na Bahia
   Bb                    F
       O trio elétrico só morreu
                C7          F
       No meio di, no meio dia.
```

Vivo sonhando

Samba-Bossa Nova

Antonio Carlos Jobim

TOM — DÓ MAIOR
C   G7   C

Introdução: *C7M   Cm7   C7M   Cm7*

      C7M
Vivo sonhando, sonhando
      Ab7M
Mil horas sem fim
C7M   F#m7
Tempo em que vou perguntando
         Gm
  B7   Bb A7
Se gostas de mim
Dm7   Fm7
Tempos de falar em estrelas
Em5-   A7
Falar de um céu, de um mar assim
              F
Ab7   G
Falar do bem que se tem
G7   Em7 Ab7M   G13
Mas você não vem, não vem

     C7M
Você não vindo, não vindo
      Cm7 Ab7M
A vida tem fim
                  F#m7
Gente que passa sorrindo
        Gm
  B7   Bb A7
Zombando de mim
Dm7   Fm7
E eu a falar em estrelas
Em5   A7
Mar, amor, luar
       D
Pobre de mim
Dm7   G7   C   C7M Ab7M C7M
Que só sei te amar

O menino de Braçanã

Toada

Arnaldo Passos
e Luiz Vieira

© Copyright 1953 Rio Musical Ltda - Rio de Janeiro - Brasil (Fermata)
Todos os Direitos Autorais reservados para todos os países - All Rights Reserved

TOM — DÓ MAIOR

C G7 C
Introdução: C F G7 C Dm7 G7 C Dm G7 C Dm G C Dm G   F   F

Bis {
      C7M   Am7   Dm7
  É tarde eu já   vou indo
    G7   C7M
  Preciso ir-me embora
Am7   Dm7
  Té manhã

    G7   C7M   Am7   Bm5-
  Mamãe quando eu   sai
        E7   Am7
  Disse moleque não demore
     C
   D F6 G7
  Em Braçanã
}

                   Fm
                Ab G7
2ª vez: Braçanã

Cm   Dm7
Se eu demoro mamãezinha
  G7   Cm
Tá a me esperar
  Ab13 G7
Prá me castigar

       Fm
C9- Ab
Tá doido moço,
  G7   Cm
Não faço isso não
Vou me embora,
  Em
  Ab
Vou sem medo
 G7 C
Da escuridão
   C
   E
Quem anda com Deus
 Dm
Não tem medo
 G7 C
De assombração
 Am7   Dm7
Eu ando   com Jesus Cristo
 G7 C
No meu coração.

Saudosa maloca

Samba

Adoniran Barbosa

Em5-
A7
Em5-
A7
Gm9
Em5-
A7
Dm7
Em9
A7
Dm7
Bm5-
Em
Am7
F#m5-
B7
E7
Bm4
E7
Em5-
A7
Dm7
Bm5-
E9
Am7
Am9
F7
E7
Am
Am9
F7
E9-
Am7
Em5-
A7/G

A9
A7
Dm7
Dm7
A9
Dm7
Dm/C
Bm5-
Am9
Am7
B7/A
B7
E7
G#dim
Dm7
Dm/E
Am7
Am6
Em5-
A9
Dm7
Em9
A9
Dm7
Bm5-
Am7
F7M
F#m5-
F7
E7
E7
Dm7
F11+
Am7

TOM — LÁ MENOR

Am E7 Am
                9   Dm   7M
Introdução: Am A7 Dm C Bm5- E9- Am Am9 Gm9 F#5- F9

            E9- F7M Em9 Dm7 E9- Am9

     Bm5-   E7   Am
Si o senhor não tá lembrado
  E7   Am
Dá licença de contá
  Em5-   A7
Que aqui onde agora está
Em5-   A7
Esse edifício arto
  Gm9   Em5-
Era uma casa véia
   A7   Dm7
Um palacete assobradado
Em9 A7   Dm7
Foi aqui seu moço
  Bm5-   Em   Am7
Que eu Mato Grosso e o Jóca
  F#m5- B7 E7 Bm4 E7
Construimo nossa maloca
       Em5-
Mais, um dia
  A7   Dm7
— Nóis nem pôde se alembrá
 Bm5-   Am7
Veio os homes c'as ferramentas
 Am9 F7 E7 Am
O dono mandô derrubá

  F7   E9-   Am7
Peguemos todas nossas coisas
           A7
Em5-   G
E fumos prô meio da rua
  A9   A7 Dm7
Preciá a demolição
        Dm
 A7   Dm C Bm5-   Am9
Que tristeza que nós sentia
      B7
Am7   A
Cada tábua que caía
B7   E7
Duia no coração
  G#dm   Dm7
Mato Grosso quis gritá
  Dm
  E   Am7 Am6
Mas encima eu falei:
 Em5-   A9
Os homens tá coa razão
     Dm7
Nóis arranja outro lugá
Em9 A9 Dm7 Bm5-   Am7
Só se conformemos quando o Jóca falou:
F7M   F#m5- F7   E7
"Deus dá o frio conforme o cobertô"
      Dm7   F11+   Am7
E hoje nóis pega a páia nas grama do jardim
Am
G   F#m5- B7 E7   Am7
E prá esquecê nóis cantemos assim:
 Am   Am9
 G Dm7 Gsusp G
Bis { Saudosa maloca, maloca querida, dim, dim
    F7M   Am7   E7   Am7 Am6
    Donde nóis passemos os dias feliz de nossa vida

Feitiço da Vila

Samba

Vadico
e Noel Rosa

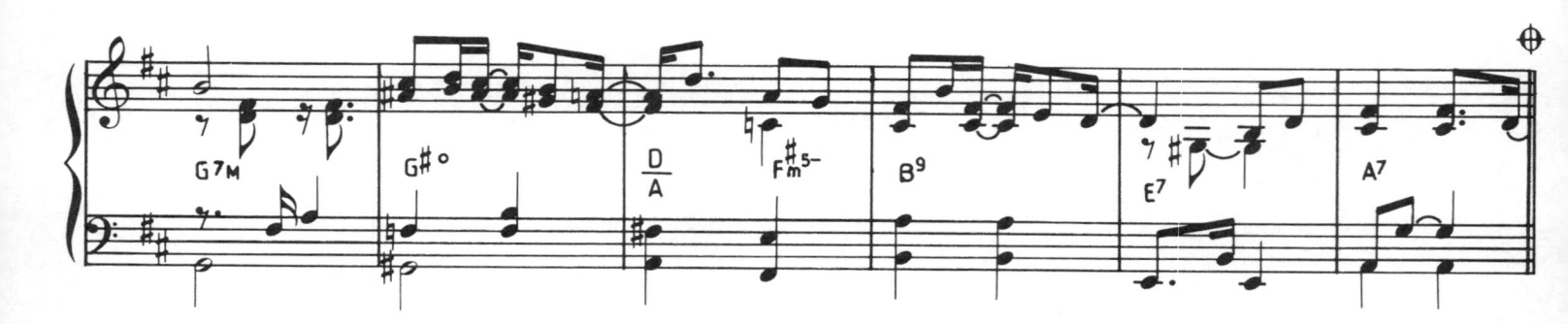

TOM — RÉ MAIOR

   D   A7   D
Introdução: G7M G#º D B7 E9 A7 D B7 Bb9 A7
                                      9   9

          G
D7M D   C#m7
Quem nasce lá na Vila
F#7   Bm
Nem siquer vacila
               4
G7   F#susp F#7
Ao abraçar o samba
              D
G7 G#   A
Que faz dançar os galhos do arvoredo
F#m5- B7   E7   A7 D G7M A7 A9
E faz a lua nascer mais cedo
      G
D7M D   C#m7
O sol da Vila é triste
F#7   Bm
Samba não assiste
             4
G7   F#susp F#7
Porque a gente implora:
              D
G7 G#º   A   B9
"Sol" pelo amor de Deus não venha agora
  E7   A7   D
Que as morenas vão logo embora...

ESTRIBILHO

          Em9
B9- A Vila tem
B7   Em9
Um feitiço sem farofa
          Gm7   Gm6
Em7 Sem vela e sem vintém
    G
    A   D   F#5+
Que nos faz bem
Bm7 G7   F#7 Bm
Tendo nome de princesa
Bm7 G7   F#7 Bm
Transformou o samba
F#m7   E7
Num feitiço decente
  A7   Em7 A7
Que prende a gente.

      G
D7M D   C#m7
Lá   em Vila Isabel
F#7   Bm
Quem é bacharel
              4
G7   F#susp F#7
Não tem medo de bamba

                E7   A7   D F#m5- B7
São Paulo dá café, Minas   dá leite
E a Vila dá samba,
      G
D7M D   C#m7
Eu sei tudo que faço
F#7   Bm
Sei por onde passo
              4
G7   F#susp F#7
Paixão não me aniquila
G7 G#º   D   F#m   B9
Mas tenho que dizer, modéstia à parte
  E7   A7   D G13 D7M
Meus senhores eu sou da Vila!

Mormaço

Samba

João Roberto Kelly

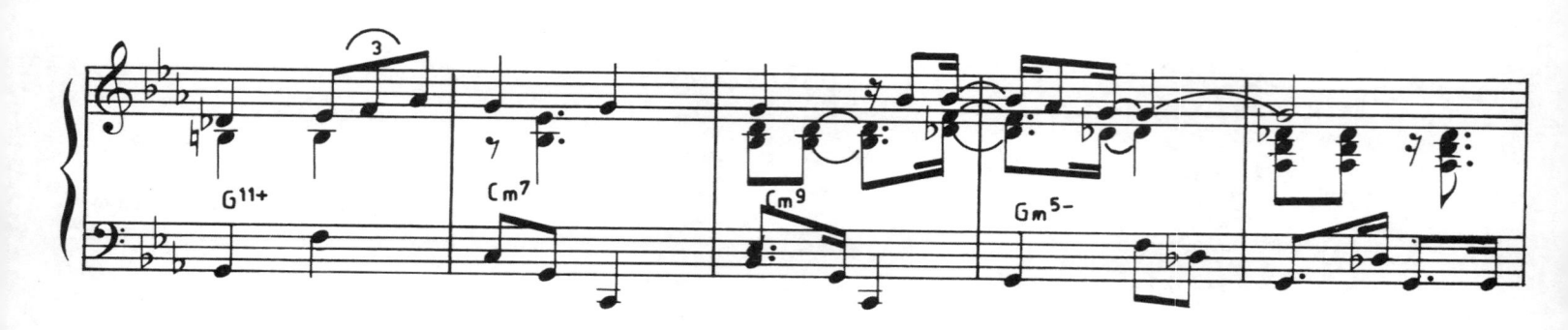

C7
C9-
C7
Fm7
Fm9
Am5-
D7
Am5-
D7
D9-
Dm7
G7
Fm
Dm5-
G5+
Cm
G5+
Cm7
Cm/Bb
Fm/Ab
Fm7
Dm5-
G7
1.
Cm
C9-
2.
Cm
C7
Fm7

TOM — DÓ MENOR
Cm   G7   Cm

Introdução: Cm9   Gm7   Ab7M   Cm

       Cm   Cm7
       Você chegou
Cm9
          Cm9   Fm7
      Na minha vida lentamente
      Cm
    Eb   Dm7 Fm7
  Você foi paz, você foi gente
Ab7M   G11+   Cm7
    Fiquei feliz,   fiquei contente
Cm9   Gm5-
   Você me deu
 C7 C9-   C7   Fm7
   O seu sorriso todo branco de paz
Fm9   Am5- D7
   E muito mais
Am5-   D7
   Me deu ternura
 D9-   Dm   G7
    E até prazer de viver

Bis {
  Fm Dm5-   G5+   Cm   G5+
  Agora,   sem você, eu nada faço
Cm7   Cm   Fm
    Bb   Ab Fm7
  Seu amor foi um mormaço
Dm5-   G7   Cm C9-
  Que me queimou sem querer

      Fm7 Bb7   Eb7
  Não vá embora   nunca mais
Ab7M   Fm7
  Não quero acordar
    Ab7   G7   Cm G5+
  Deste sonho bonito de paz
}

(Voltar ao princípio até a frase:)
      G7   Ab7M
Que me queimou sem querer
          9   9
Fm9 C7M F7M C7M

Odeon

Tango Brasileiro

"Pelo Original"
Letra de Hubaldo Mauricio

Ernesto Nazareth

espress.
F♯7/C♯
B7/D♯
E
B7/F♯
sempre sec.
G♯o/F
F♯m/A
dim.
E/B
A♯o/B
B7
E
espress.
F♯7/C♯
B7/D♯
E
B7/F♯
sempre sec.
G♯o/F
F♯m/A
dim.
E/B
A♯o/B
B7
1.
E
2.
E
Do
ao
C♯m
TRIO
ff
G♯o/F
com brilho
B7/F♯
B7
meno
E

TOM para canto: LÁ MENOR (transportado)
Am   E7   Am

Bis {
      Am   E7
   C   B   Am
Ó que saudade das "soireés"
  A7 Dm   A7
  G   F   E   Dm
E "matinês" lá do Odeon...
       Dm
Dm   C   Bm5-
E lá no saguão
  F7   E7
  A   G   Am
O pianista, muito sério,
O seu piano a dedilhar...
    Am   E7
   C   B Am
Os namorados, no intervalo,
  A7 Dm
  G   F A7   Dm
Passeavam a se olhar...
       E7
Dm5-   B   E7
Bilhetes, mil, tinham asas
            Am
Am   Dm   E   A7
Voavam era o jeito de amor
}

Bis {
   D7
   A
E mais tarde
 G7
 B   C
Na sala de projeção
  G7   E°
  D   D
O "mocinho" lutava contra o "vilão"
     C
Dm   G
Era luta luta dura
F° G7   C
Sôco, tapa, ponta-pé, bofetão...
 D7
 A   G7 C
A "mocinha" chorava e torcia em vão
 G7
 D   E°
A plateia, gritava com emoção:
 Dm   C
 F   D
"Pega, bate, pisa mata
F°
G   G7   C
Mata esse grande "vilão"!...
}

Exaltação a Tiradentes

Samba

Mano Décio da Viola,
Penteado e Estanislau Silva

TOM — Mib MAIOR

Eb   Bb7   Eb

Introdução: *Gm C9- Fm7 Bb Bb7 Eb Em7 Bb7*
                                        Ab

Bis
{
   Bb7 Eb   Abm7 Db7 Fm   Bb7 Eb Ab7M
   Joaquim José   da Silva Xavier
   Eb   C7   Fm
   Morreu a vinte e um de Abril
   F7   Fm
   Pela Independência do Brasil!
   Bb7   Eb   Eb7M   B13   B7
   Foi traído,   e não traiu jamais
   Fm   Bb7   Eb   Ab7
   A Inconfidência de Minas Gerais
}

                                     Eb
2.ª vez: **Para terminar:** Minas Gerais

Fm7   C9-   Fm
Joaquim José da Silva Xavier
Eb   Ab7 Eb   Bb13
Era nome de Tiradentes
                                            9
Eb Cm7   Fm Bb7 Fm Bb13   Gm7 Fm
Foi   sacrificado pela nossa liberda—de
Eb7M Gm7   Fm
Este grande herói
                                   Ab
Ab   Fm Bb7 Eb   Bb Bb7
Para sempre há de ser lembrado

                            Bb7 Eb
Para terminar: lembrado
               Gm   C9-   Fm
Introdução: LÁ LÁ LÁ LÁ LÁ *etc.*

Bloco da solidão

Marcha - Rancho

Evaldo Gouveia
e Jair Amorim

TOM — LÁ MENOR
Am   E7   Am

Introdução: *Dm Bm5- E7 Am B7 E7 Am*

    Dm   *Bm7*   *E7*   *Am*   *B7 E7 Am*
Laiá   laiá laiá   laiá   laiá laiá   lá laiá lá laiá   laiá
     Bm7   *E7*   *Am*
Angústia, solidão num triste adeus em cada mão
  Gm
 Bb   *A7*   *Dm*
Lá vai   meu bloco vai só desse geito é que ele sai
    Dm7
 G   *G7*   *C*
Na frente sigo eu levo o estandarte de um amor
    F#m5   *B7*   *Bm5-*   *E7*
O amor   que se perdeu no carnaval... lá vai meu bloco
 Bm7   *E7*   *Am*
E lá   vou eu também mais uma vez   sem ter ninguém
 Bm5-   *E7*   *Em5- A7*
No sábado e domingo,   segunda e terça-fei—ra
                          Am
Dm   *D#º*   *E*   *F7M*
E quarta-feira vem o ano inteiro é todo assim
   B7   *E7*   *Am*
Por isso quando eu passar batam palmas pra mim
Dm7   *G7*   *C*
Aplaudam quem sorri   trazendo lágrimas no olhar
 Em5-   *A7*   *Dm*   *A7*
Merece   uma homenagem quem tem forças pra cantar
                    Am
Dm7   *Ebº*   *E*   *F7M*
Tão grande é minha dor, pede passagem quando sai
 B7   *E7*   *Am*
Comigo só, lá vai meu bloco, vai
 Dm   *Bm7*   *E7*   *Am*   *B7 E7 Am*
Laiá   laiá laiá   laiá   laiá laiá   lá laiá lá laiá   laiá

Se acaso você chegasse

Vivendo de Amor

Samba

Lupicínio Rodrigues
e Felisberto Martins

TOM — SOL MAIOR
G   D7   G

Introdução: C7M Cm⁶ Bm7 E7 Am7 D7 G

       G   G7M   C7
Se acaso você chegasse
      G   C7
No meu barraco encontrasse
 Bm7
Aquela mulher
E7   Am7
   Que você gostou
                Am7
E9 Am7   G
Será que tinha a coragem
               D7
D7   C
De trocar a nossa amizade
    Am
Por ela
   D7   G
Que já lhe abandonou

      ⁶
Am7 D7 G7M   Dm7
Eu falo porque esta dona
    4
Gsusp   G13
Já mora no meu barraco
Dm7 Dm9 G13
A beira de um regato
    6
 C7M
E um bosque em flor
    C7M
G13   9   Cm6
De dia me lava roupa
   Bm7   E7
De noite me beija a boca
  Am7
E assim nós vamos
       9   D9
D7   G6 F7 A
Vivendo de amor

Para terminar:

            9
D7   G F7 G7M
Vivendo de amor

Chove chuva

Samba

Jorge Ben

TOM — FÁ MENOR
Fm   C7   Fm

Introdução: *Fm Bb7 Fm Bbm7 Eb7 C7 Fm Bb7 Fm*

Bis {
        Bbm7
   Chove chuva
Eb7
              Fm7 Bb7 Fm7
   Chove sem parar
}

                      Bbm
Pois eu vou fazer uma prece
                    Eb
   Eb   *Ab7M G*
Prá Deus nosso Senhor
Fm   *Bbm7*
Prá chuva parar
   Eb
   Db   *Eb7 Fm*
De molhar o meu divino amor

Fm   *Bbm7*
Que é muito lindo
              Fm
É mais que o infinito
         Bbm7
É puro e é belo
Eb9   *Fm*
Inocente como a flor
              Bbm7
Por favor chuva ruim
        Eb
        Db
Bis { Não molhe mais
              Fm
   O meu amor assim.
}

Lembranças

Roberto Carlos e
Erasmo Carlos

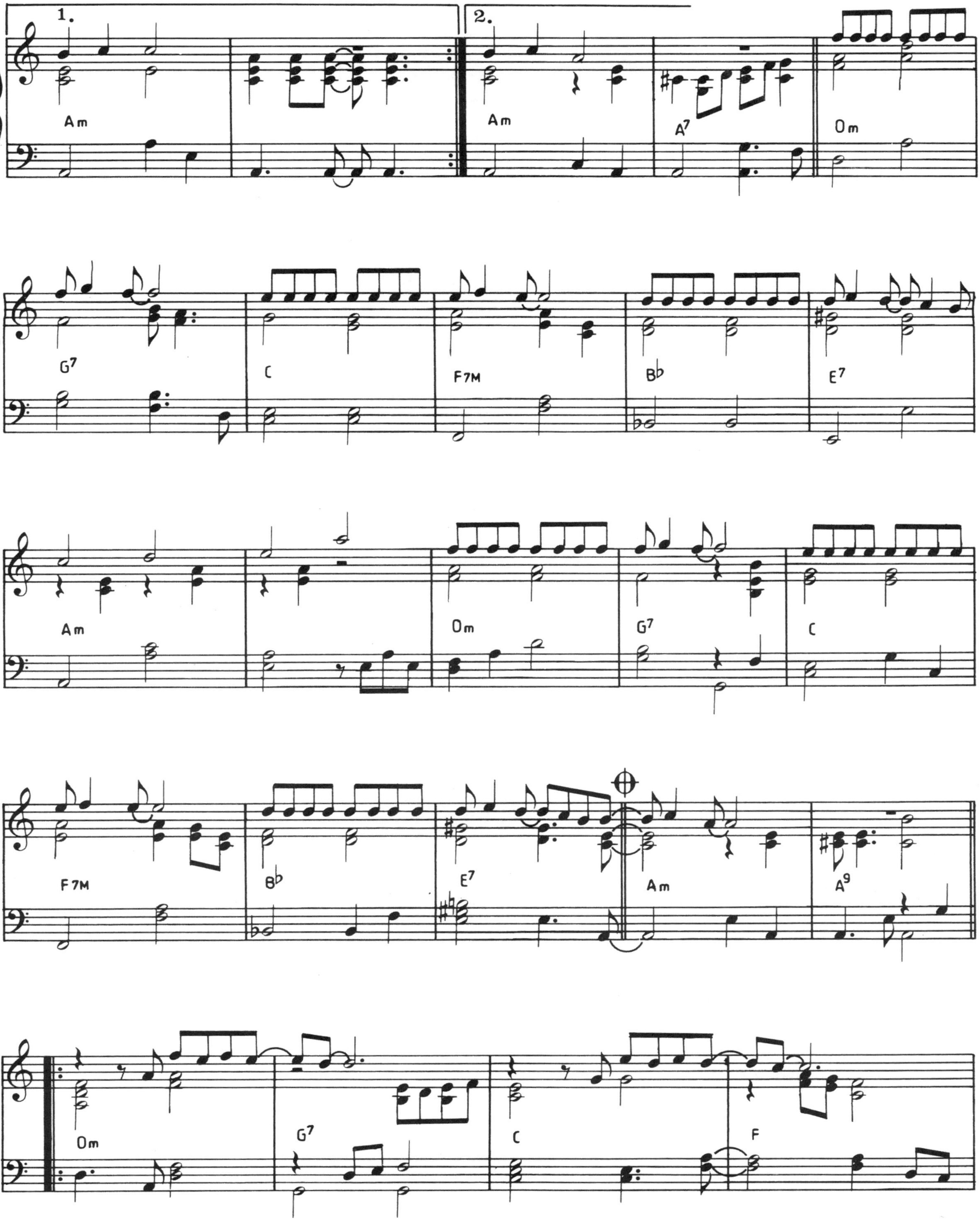
1.
2.
Am
Am
A7
Om
G7
C
F7M
B♭
E7
Am
Om
G7
C
F7M
B♭
E7
Am
A9
Om
G7
C
F

TOM — LÁ MENOR
Am   E7   Am

Introdução: Dm7 G7 C F7M Bm5- E7 Am Dm7 E7

```
   Am
   Já faz tanto tempo que eu deixei
G7                    C
   De ser importante prá você
F                    Bb           Gm  Bm5-
   Já faz tanto tempo que eu não sou
E7                            Am
   O que na verdade eu nem cheguei a ser
Am                   Dm
   E quando parti deixei ficar
G7                   C
   Meus sonhos jogados pelo chão
F                    Bb           Gm  Bm5-
   Palavras perdidas pelo ar
E7                          Am    A7
   Lembranças contidas nesta solidão
Dm                          G7
   Eu já nem me lembro quanto tempo faz
C                              F7M
   Mas eu não me esqueço que te amei demais
Bb
   Pois nem mesmo o tempo
         E7         Am
   Conseguiu fazer esquecer você não
Dm                          G7
   Fomos tudo aquilo que se pode ser
C                           F7M
   Meu amor foi mais do que se pode crer
Bb                         E7
   E nem mesmo o tempo conseguiu fazer
         Am      A9
   Esquecer você
```

```
   Am                   Dm
   Tentei ser feliz ao lado seu
G7                        C
   Fiz tudo que pude mas não deu
F                    Bb           Gm  Bm5-
   E aqueles momentos que guardei
E7                             Am
   Me fazem lembrar o muito que te amei
Am                   Dm
   E hoje o silêncio que ficou
G7                        C
   Eu sinto a tristeza que restou
F                    Bb           Gm  Bm5-
   Há sempre um vazio em minha vida
E7                          Am    A7
   Quando relembro nossa despedida
Dm                          G7
   Eu já nem me lembro quanto tempo faz
C                              F7M
   Mas eu não me esqueço que te amei demais
Bb                                   E7
   Pois nem mesmo o tempo conseguiu fazer
                   Am
   Esquecer você não
Dm                          G7
   Fomos tudo aquilo que se pode ser
C                           F7M
   Meu amor foi mais do que se pode crer
Bb                         E7
   E nem mesmo o tempo conseguiu fazer
         Am      Dm7  Am
   Esquecer você
```

Segredo

Samba

Herivelto Martins
e Marino Pinto

Cm
F7
B♭
B♭6/9
G7
E♭7M
E♭m
B♭/D
G7
Cm7
F7
B♭
Dm7
Cm7
B♭7M
F7
B♭7M
Fm7
B♭7
E♭7M
E♭7M
E♭m7
A7
Dm7
G7
C7

TOM — Sib MAIOR
Bb   F7   Bb
                                  Bb
Introdução: *Eb   Ebm   C   G7   Cm7   F7   Bb   Cm7   F7*

     Bb   *Bb7M*   *Em5-A7*
Seu mal é comentar o passado
  Fm7   *G7*   *Cm*
Ninguém precisa saber o que houve entre nós dois
 Eb7M   *Ebm*
O peixe é pro fundo das rêdes,
  Bb   *G7*
Segredo é pra quatro paredes,
   Cm   *F7*
Não deixes que males pequeninos
             6
         Bb   *Bb9*   *G7*
Venham transtornar os nossos destinos,
Eb7m   *Ebm*
O peixe é pro fundo das rêdes,
  Bb
  D   *G7*
Segredo é prá quatro paredes
 Cm7   *F7*
Primeiro é preciso julgar
          Bb
Pra depois condenar.

F7   *Bb7M*
Quando o infortúnio nos bate a porta
  Fm7   *Bb7*   *Eb7M*
E o amor nos foge pela janela
Eb7M   *Em7 A5+ Dm7*   *G7*
A felicidade para nós está morta
C7   *Cm7 F7*
E não se pode viver sem ela...
EbM   *Em5-A7*   *Bb7M*   *G7*
Para o nosso mal não há remédio, coração!
       Cm7   *F7   Bb   Am7 Gm7 Cm7 F13*
Ninguém tem culpa da nossa separação.

Mulher rendeira

Baião

Motivo Popular do Norte

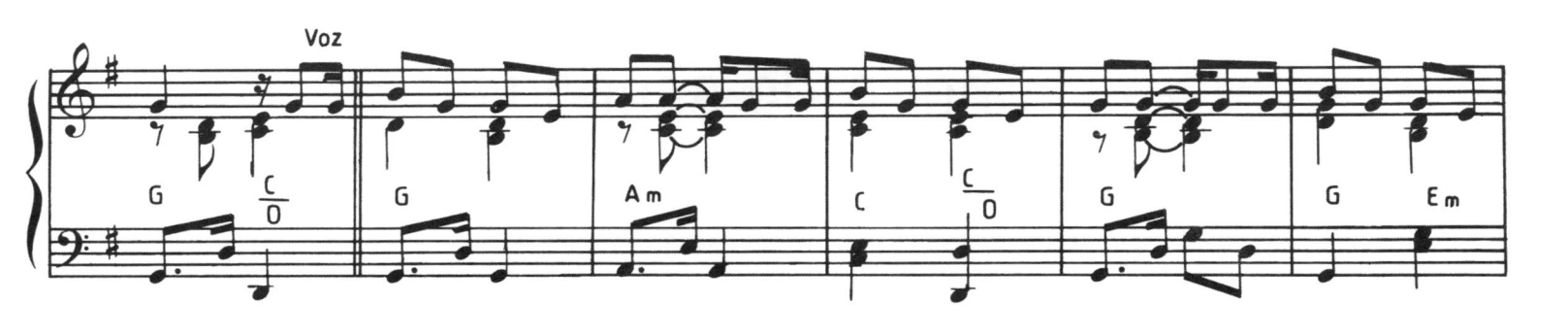

TOM — SOL MAIOR
G   D7   G

Introdução: D7 G D7 G

Côro:

Bis {
   G G7   C7
Olê,   mulher rendeira!
  D7   G
Olê, mulher rendá!
        G   Em7 Am
Tu me ensina a fazê renda
    C
    D   G
Que eu te ensino a namorá
}

I

 G   Am
Lampeão desceu a serra
            C
    C   D G
Deu um baile em Cajazeira
  G Em   Am
Botou a moça donzela
         C
 C   D   G
Pra cantá "Mulher rendeira"

Côro:

 G G7   C7
Olê,   mulher rendeira, etc

II

   G   Am
As moças de Vila Bela
        C
 C   D G
Não tem mais ocupação
 G Em Am
E só vive na janela
        C
 C   D G
Namorando Lampeão.

Côro:

 G G7   C7
Olê,   mulher rendeira, etc

Cheiro de saudade

Samba

Djalma Ferreira e Luiz Antonio

TOM — DÓ MAIOR
C   G7   C

Introdução: C7M Fm7 Dm9 G13

   C7M   F#m5- B7
É   aquele cheiro de saudade
   9
   C7M   Em5-A7
Que me traz você a cada instante
Dm7   G7
Folhas da saudade
C7M   Am7
Mortas pelo chão
          D7
É um altar enfim
    Dm   G75+
No coração,
   C7M   F#m5- B7
É   talvez que é tempo de saudade
   C7M   Em5-A7
Trago o peito tão carregadinho
Dm7   G7
Sofro de verdade
C7M   Am
Fruto da saudade
   6
Am7 D13 G7 C9
Sem o teu c a r i n h o
Gm7   C9   F7M
Quem semeia vento colhe tempestade
Fm   Bb7   Eb7M G7
Quem planta amor colhe saudade...

O que é amar

Samba - Canção

Letra e Música de Johnny Alf

TOM — DÓ MAIOR
C   G7   C

Introdução: Bb11

            C7M Am7   Dm11 G9-   C7M   Em7
— "É só olhar,   depois sorrir   depois gostar!"
A9- Abm7M Fm7   Dm7 G9-   Bm11 E7 Am9
Você olhou,   você sorriu,   me fez gostar

Am9
G   F7M   F#m5-
Quis controlar   meu coração

B7   Em7M   A13
Mas foi d e m a i s a emoção

    D7M   E
    9   B9-   Em7 Dm7   G   Ab7
De sua boca   ouvi dizer: quero você.

G7   C7M Am11   Dm11 G9-   C7M
Quis responder   quis lhe abraçar,   tudo falhou;
C7M   Gm7 C7   Bb   C9   F7M
                      C
Porém, você   me segurou   e me beijou!

5+
E9-   Am9 Am6   Bb11+
Agora eu posso   argumentar
         C7M   Em7
Se perguntarem o que é amar:
                    Dm7
Ebm7 Dm7   G G9-   Ab7M Ab9 6 G7M
                                           G
— "É só olhar, depois s o r r i r   depois gostar!"

Foi a noite

Samba-Canção

Antonio Carlos Jobim
e Newton F. Mendonça

© Copyright Maio 1956 by Edições Euterpe Ltda.
Todos os direitos internacionais reservados - All rights reserved.

TOM — DÓ MAIOR
C   G7   C

Introdução: G   F C7M   F#7   F   6   F9   Fm7M   C   C9   C7M   F   Eb   Em4
                                  G   6

      F
      G
Foi a noite

     F   Am7
G7 G
Foi o mar, eu sei.

     F
     G
Foi a lua

      C
G7   G
Que me fez pensar:

  Bm   Bº   Am7
Que você me queria outra vez.

  Dm7   G7   Bb7
Ou gostava um pouquinho de mim

    F
A7 G
Ilusão,

    C6 Am7
G7
Eu bebi Talvez.

   F
   G
Foi amor,

     Bb
G13 C   C7
Por você, bem sei!

   F7M   Fm7M
A saudade aumenta com a distância,

   C7M
Bb7 G E7   Am7
E a ilusão é feita de esperança.

   F
   G
Foi a noite

   Fm7M Bb7
Foi o mar, eu sei...

         6   7M
C C9 C7M Bb13 A9 Ab13 G9+ C9
Foi você...

Pastorinhas

Marcha-Rancho

João de Barro
e Noel Rosa

TOM — SOL MENOR
Gm   D7   Gm

Introdução: *Cm G E9- A7 D7 Gm D D7*

        D D7   Gm
A Estrela d'Alva
  G7   Cm
No céu desponta
 Cm
  B   Am5-
E a lua anda tonta
D7
                 Gm   D7
Com tamanho esplendor!...
Gm   *Cm7*
    E as pastorinhas,
Am5-   *D9-   Gm*
Pra consolo da lua,
Fm7 *Em5-   A7*
Vão cantando na rua
 D7   *G*
Lindos versos de amor

  D7   *G   C7M*
Linda pastô — ra
 G
 B   *Em7*   *Am7 D7   Am7*
Morena, da cor de Madalena,
  D7   *Am D7*
Tu não tens pena
   Am7
De mim
D7   *G*   *C7M G*
Que vivo tonto com o teu olhar!
 D7   G
Linda criança,
Dm7   *G7*   *C6 C*
Tu não me sais da lembrança,
Cm6   *Cm*   *G E7*
Meu coração não se cansa
A7   *D7*   *Gm*
De sempre e sempre te amar!

Lamentos

Chôro

Letra: Vinicius de Morais
Música: Pixinguinha

Dm7
G7
C
Cm6
G
Em7
Am7
D7
G
B7
Em
Em7M
Em7
Em6
E9-
Am7
Am7M
Am7
Am6
B7
F#m5-
B7
Em
1.
C7M
C7
F#m
B7

TOM — SOL MAIOR
G   D7   G

Introdução: G G7 C C#º G̲ A7 D7 G

1.ª parte

D7 G
Morena
    Gº
Tem pena
  G7M   G#º E9-
Mas ouve o meu lamento
  Am7   F#m5-
Tento em vão
B7   Em7   C#m7
Te esquecer
F#7   B7M G#m C#m7 F#7 B7
Mas olhe o meu tormento é tanto
  E7   Am7   D7   G7
Que eu vivo em pranto e sou todo infeliz
Dm7   G7   C Cm6 G
Não há coisa mais triste meu benzinho
  Em7   Am7 D7 G
Que esse chorinho que eu te fiz...

(A 2.ª parte não tem letra)

1.ª parte

D7 G
Sozinha
    Gº
Morena
  G7M   G#º E9º
Você nem tem mais pena
  Am7   F#m5-
Ai meu bem
B7   Em7   C#m7
Fiquei tão só
F#7   B7 G#m7   C#m7
Tem dó, tem dó de mim
F#7   B7   E7   Am7   D7   G7
Porque estou triste assim por amor de você
Dm7   G7   C Cm6 G
Não há coisa mais linda neste mundo
  Em7   Am7 D7 G
Que meu carinho por você

Noite dos mascarados

Marcha-Rancho

Chico Buarque de Hollanda

G7 G7 C E7 Em5-
A7 Dm Fm Cm
D7 1. Dm5- G7 2. D7 Dm5- G7
Do 𝄋 ao 𝄌
F#6 F#7 G7 C E7
Dm E7 A7 A7 Am D7 G7
C A7 D7 G7 Em5- A7 D9

TOM — DÓ MAIOR
C   G7   C

Introdução: Dm E7 Am G G7 (Dm above G)

— Quem é você (C F7 E7)
— Advinhe, se gos — ta de mim (Bm5- E7 Am)
  Hoje os dois mascara — dos (F#m5- B9-)
  Procuram os seus namorados (Em7 F#7)
  Perguntando assim: (C#m5- F#7 G79)
— Quem é você, diga logo (C9 E7) [6]
  Que eu quero saber o seu jogo (Bm5- Am)
  Que eu que — ro morrer no seu bloco (F#m5- B7 Em)
  Que eu que — ro me arder no seu fogo (C D7 G7) (D)
— Eu sou seresteiro poeta e cantor (C E7)
— O meu tempo inteiro, só zombo do amor (Em5- A9- Dm)
— Eu tenho pandeiro (Fm)
— Só quero violão (C)
— Eu nado em dinheiro (D7)
— Não tenho um tostão (Dm5- G7)
— Fui porta-estandarte, não sei mais dançar (C E7)
— Eu modestia à parte, nasci prá sambar (Em5- A9 Dm)
— Eu sou tão menina (Fm)
  Meu tempo passou (Cm)
— Eu sou colombina (D7)
— Eu sou Pierrot (Dm5- G7)

— Mas é carnaval (C E7)
  Não me diga mais quem é você (Bm5- E7 Am)
  Amanhã tudo volta ao normal (F#m5- B7 Em)
  Deixa a festa acabar (F#7)
  Deixa o barco correr, deixa o dia raiar (G7 C)
  Que hoje eu sou da maneira que vo — cê me quer (E7 Dm E7 A7)
  O que você pe — dir, eu lhe dou (A7 Am D7 G7 C)
  Seja você quem for, seja o que Deus quiser (A7 D9 G7 Em5-)
  Seja você que for, seja o que Deus quiser. (A7 D9 G7 C C9 C) [6]

Canção do amanhecer

Edú Lobo e
Vinicius de Moraes

TOM — Mib MAIOR
Eb   Bb7   Eb

Introdução: Ebm7 Eb Cb7M Bb9- Ebm Db Cb7M Bb9-
                     Db   Ebm

     Eb
     Ouve
              F
Eb7M   Eb
     Fecha os olhos amor
            Fm
            Eb
     É noite ainda
Fm9   Ab7   G7
     Que silêncio
Cm7
     E nós dois
            Am9   D9-
     Na tristeza de depois
         Gm9   Gm7M   C9
     A contemplar
           Fm7   Bb7
     O grande céu do adeus

                         Ebm
      Ebm7   Db   Cb7M   Bb9- Ebm
      Ah!   não existe paz
Ebm
Db   Cb7M   Eb9-   Eb9M
     Quando o adeus existe
            F
            Eb
     E é tão triste
     O nosso amor
                Fm
                Eb   Fm
     Oh! vem comigo
              Ab7   G7   G9-5+
     Em silêncio
     Cm7
     Vem olhar
              Am   D9-
     Esta noite amanhecer
     Gm7M
     Iluminar
   9
C11+   Ab   Fm
     Aos nossos passos tão sozinho
     Db7
     Todos os caminhos
     Gm7   C7
     Todos os carinhos
                    C13
     Bbm7   9-
     Vem raiando a madrugada
     F7M   A7M
     Música no céu...

Samba de Orfeu

Samba

Luiz Bonfá
e Antonio Maria

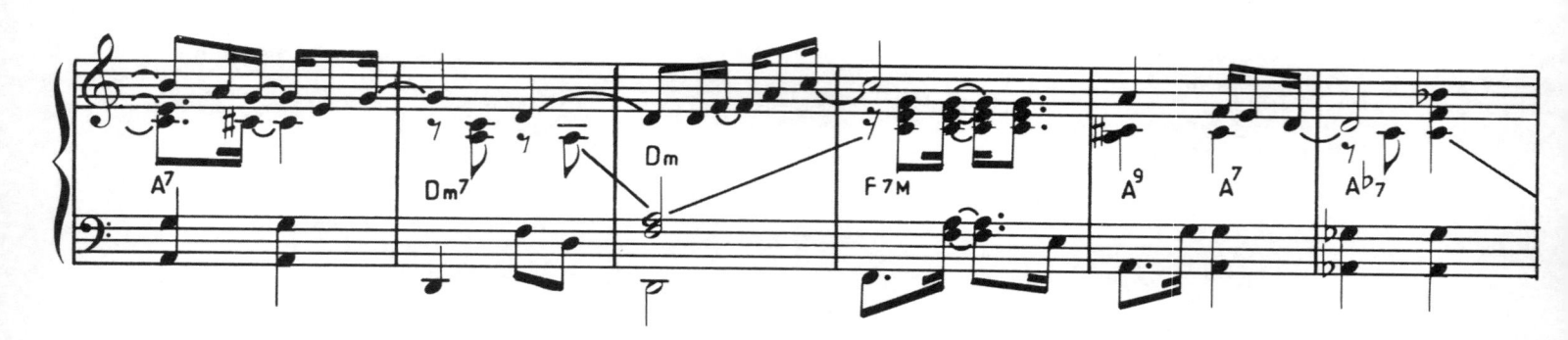

TOM — DÓ MAIOR
C   G7   C

Introdução: C7M F7 Em Em7 Am7 D7 G7 C C7M F/G

       C7M   F7M   C7M   C9/6
Quero viver , quero sambar...
F/G
        Em7   A7
Até sentir   a essência da vida,
       Dm7
Me falta ar...
Dm   F7M A9 A7 Ab7
Quero sambar,   quero viver.
F/G
         G7
Depois do samba, tá bem
      Dm   G7   C7M
Meu amor, posso morrer...
         Gm7 C7   F7M
Quem quiser   gostar de mim,
Ab   Cm
Bb Bb9   Eb   Eb
Se quiser vai ser assim

      C7M   C7M C9/6
Vamos viver, vamos sambar...
F/G
       Em7   A7
Se a fantasia   rasgar,
      Dm7   Dm7
Meu amor, eu compro outra
Dm   F7M A9 A7 Ab7
Vamor sambar, vamos viver.
        G7
O samba livre.
         Dm
Eu sou livre também
              6
G7 C   C9   C
Até morrer...

Obsessão

Samba

Mirabeau e
Milton de Oliveira

© Copyright 1943 by Irmãos Vitale S.A. Ind. e Com. - São Paulo - Rio de Janeiro - BRASIL
Todos os direitos autorais reservados para todos os países - All rights reserved.

TOM — MI MENOR
Em B7 Em

Introdução: *Am D#º Em7 C7M B7*

     Em   B7   Em   Bm7
     Você roubou meu sossego
   E7 Am   E9-   Am7
Bis Você roubou minha paz
    Am7 D7 B7   Em
    Com você eu vivo a sofrer
       C7   F#m5- B7
    Sem você vou sofrer muito mais.

    Am7   D7   G G7M
    Já não é amor
   F#m5- B7   Em
    Já não é paixão
    Am7   D7   G G7M Em
    O que eu sinto por você
C7M   F#m5- B7
    É obsessão...

                                 11
(Para terminar *Am F#5- Em9*

Toró de lágrimas

Antonio Carlos Jocafi
e Zé do Maranhão

TOM — DÓ MAIOR
C   G7   C

Introdução: A7 Dm G7 C Am9 G13

G13   Toró,
        6
      C9   Dm7
G7   C7M
De lágrimas
F7   E7   Am7
Foi o retrato doido que você deixou

Am9   D7   D7
Foi um momento de sêde
          G7   Dm7
Que a fonte secou, ai de mim

G7   Toró,
      9
     C9   Dm7
G7   C7M
De lágrimas
F7   E7   Am7
Foi o amor programado por computador
Am9   D7   D7
Tanta lembrança bonita e
         G7   Dm7
Você não guardou, ai de mim

    9   C9   C
G7 C6   B   Bb
O seu amor fabricado
      A7
Que fez por fazer
      Bb7
Angustia e desprezo
    A7   Dm
Desmancha prazer
   F
C   G7
No fundo, no fundo
        Em7 Am9 Dm7 G13
Você não prestou

        C
C7M   B
Um sentimento
  C
  B
Emprestado perdeu
     A7
Seu valor, eu compro
   Bb7   A7
Esta briga e não faço
  Dm7   G7
Favor, no fundo, no fundo
  G13   C
Você não prestou
  C
Toró

Domingo no parque

Baião

Gilberto Gil

2.
C C7 F C7 Bb F
Bb C7 Eb Ab Gm
Bb Ab Bb Bb Ab Bb Bb Ab Bb Bb Bb
B13 A B13 B13 A13 B13 B13 A13 B13 A7 Ab Ab Gb Ab
Ab Ab Gb Ab Ab Gb Ab Gb Ab Ab Gb Ab Gb Ab
Ab Gb Ab Gb Ab Ab7 Db Cb Db Db Cb

D♭ C♭ D♭ D♭ C♭ D♭ C♭ D♭ D♭ C♭ D♭ C♭
D♭ F E♭ F B♭ A♭ B♭ A♭
F E♭ F F7 B♭ Fm7 B♭ C7 F E♭
F E♭ F E♭ F F E♭ F E♭ F E♭
F E♭ F B A B♭ A♭ B♭ A♭
B♭ A♭ B♭ A♭ B♭ B♭ E♭ A♭

TOM — DÓ MAIOR
C G7 C

Introdução: C G7 C G7 C

      C   G7 C
  O rei da brincadeira — ê José
  G7   Bb C
  O rei da confusão — ê João
    G7 C G7 C
  Um trabalhava na feira — ê José
   G7   C Bb7M C G7 C G7 C
  Outro na construção — ê João

      F#m5- B7 Em7
  A semana passada no fim da semana.
  A7 F G C
  João resolveu não brigar
     F#m5- B7 Em7
  No domingo de tarde saiu apressado
  A7 Dm G C
  E não foi prá ribeira jogar capoeira
  Bb Am7 Dm
  Não foi prá lá   prá ribeira
  Dm7 G7 C G7 C G7 C Bb7 C
  Foi namorar.

      F#m5- B7 Em7
  O José como sempre no fim da semana
         F
  A9 G G C
  Guardou a barraca e sumiu
      F#m5- B7 Em7
  Foi fazer no domingo um passeio no parque
  A7 Dm G7 C
  Lá perto da boca do rio
        Bb Am7 Dm
  Foi no parque que ele avistou Juliana
  Dm7 G7 C G7 C G7 C Bb7 C G7 F
  Foi que ele viu   (Foi o que ele viu)
        C7 Bb
  Juliana na roda com João
  F   Bb C7
  Uma rosa e um sorvete na mão
  Eb Ab   Gm
  Juliana seu sonho, uma ilusão
      Bb Ab Bb Ab B6 Ab Bb
  Juliana e o amigo João
      Bb C13 A B13 Ab B13
  O espinho da rosa feriu Zé
     B13 A7 Ab Gb Ab
  E o sorvete gelou seu coração

      Ab Gb Ab
  O sorvete e a rosa — ê José
  Gb Ab Gb Ab
  A rosa e o sorvete — ê José
  Gb Ab Gb Ab
  Ôi dançando no peito — ê José
  Gb Ab Gb Ab
  Do José brincalhão — ê José
  Ab7 Db Cb Db
  O sorvete e a rosa — ê José
  Cb Db Cb Db
  A rosa e o sorvete — ê José
  Cb Db Cb Db
  Ôi girando, na mente — ê José
  Cb Db Cb Db
  Do José brincalhão — ê José

    F   Eb F
  Juliana girando — ôi girando
     Bb Ab Ab
  Ôi na roda gigante — ôi girando
  Bb Ab F Eb
  Ôi na roda gigante — ôi girando
     Bb Fm7 Bb
  O amigo João oi João

   C7 F Eb
  O sorvete é morango — ê vermelho
  F Eb   Eb F
  Ôi girando e a rosa — é vermelha
   Eb F Eb F
  Ôi girando, girando — é vermelha
   Eb F Eb   F
  Ôi girando, girando — olha a faca
       Bb Ab Bb
  Olha o sangue na mão — ê José
  Ab Bb Ab Bb
  Juliana no chão — ê José
      Bb Ab Bb
  Outro corpo caído — ê José
  Eb Ab Bb
  Seu amigo João — é José

     C7 F
  Amanhã não tem feira — ê José
        Dm
  Não tem mais construção — ê João
        Bb7m C7
  Não tem mais brincadeira — ê José
       Bb Eb F
  Não tem mais confusão — ê João

Galos, noites e quintais

Toada

Belchior

rep. ad lib.

181

TOM — FÁ MAIOR
F   C7   F

                    G Gm
Introdução: F F F   F Gm7 C7

      F
Quando eu não tinha o olhar lacrimoso
    G
    F
Que hoje eu trago e tenho
Gm
Quando adoçava o meu pranto
O meu sono
      Bb
    C   C7   F
No bagaço de cana do engenho
F
Quando eu ganhava este mundo de meu Deus
   G
   F
Fazendo eu mesmo o meu caminho
Gm
Por entre as fileiras do milho verde
      Bb
    C   C7   F   Bb7
Que ondeia com saudade do verde marinho
  Eb   Gm
Eu era alegre como o rio
  D7   Gm
Um bicho, um bando de pardais
    Cm   F7   C7   F7
Como um galo (quando havia galos, noites e quintais)
  Bb   Gm
Mas veio o tempo negro
   D7
E a força fez
                       Gm
Comigo o mal que a força sempre faz
Cm7   F7
Não sou feliz mas não sou mudo
  Bb   Gm
Hoje eu canto muito mais
  Cm7   F7
Não sou feliz, mas não sou mudo
  Bb   C7
Hoje eu canto muito mais.

Voltar ao princípio:
             F   Gm Bb F
               F C
até: verde marinho

Quando eu me chamar saudade

Samba

Nelson Cavaquinho
e Guilherme de Brito

E7
Bm5-
E7
Bm5-
E7
Am
Am7
F♯m5-
B7
Em
Em
0
F♯7
B7
Em
Am7
07
G7M
Am7
07
G7M
E7
Am

TOM — MI MENOR
Em   B7   Em

Introdução: *Em7 F#7 B7 Em C7 B7*

          Em7   *C7M*   *B7*   *Em7*
         Sei que amanhã   quando eu morrer
Em   *B7*   *Em*
   Os meus amigos vão dizer
         F#m5- B7 Em7
         Que eu tinha bom coração
Am7   *B7*   *Em*
     Alguns até hão de chorar
Em7   *Em*   *C7*
   E querer me homenagear
       B7   *Em*
      Fazendo de ouro, um violão
Bm5-   *E7*   *Bm5-*
   Mas depois que o tempo passar
       E7   *Bm5-*
   Sei que ninguém vai se lembrar
       E7   *Am* *Am7*
   Que eu fui embora
F#m5-   *B7*   *Em*
     Por isso é que eu penso assim
         Em
     D   *F#7*
    Se alguém quiser fazer por mim
    B7 *Em*
    Que faça agora,

     Am7   *D7*
   Me dê as flores em vida
     G7M
  O carinho, a mão amiga
Am7 *D7*   *G7M*
   Para aliviar meus ais
  E7   *Am*   *Em*
   Depois que eu me chamar saudade
      Em
     D   *F#7*
   Não preciso de vaidade
    B7   *Em*   *F#m5- B5+*
   Quero preces e nada mais.

Para terminar: *Em7 C#m5- C7M F#m5- G7M*

Ela é carioca

Tom Jobim e
Vinícius de Moraes

TOM — FÁ MAIOR

Introdução: F C7 F
G   5+
B Bbm6 Am7 Ab° G13 G13- Gm7 C9- F7M

F7M
Ela é Carioca
Dm9
Ela é Carioca
G13
Basta o jeitinho dela andar
Gm7   Am5- D7   G7   Gm C9+
Nem ninguém tem carinho   assim para dar
Cm9   F13
Eu vejo na cor dos seus olhos
F7   G   B   Bbm6
As noites do Rio ao luar
F7M   E7   Eb7M
Vejo a mesma luz   vejo o mesmo céu
Ab7   Db7M
Vejo o mesmo mar

C9+   F7M   Dm7
Ela é meu amor só me vê a mim
G13   G13- G7
A mim que vivi para encontrar
Gm7   D9-
Na luz do seu olhar
Gm9   C7
A paz que sonhei
Cm7   F7
Só sei que sou louco por ela
G
F9-   B   Bbm6
E prá mim ela é linda demais
F7M
E além do mais
E9+   Eb7M
Ela é carioca
F7M
C9-   F7M   5+   F7M
Ela é carioca

Mulher

Fox

Letra de
Sadi Cabral

Música de
Custódio Mesquita

TOM — Mib MAIOR

Eb   Bb7   Eb

Introdução: Abm7 Abm6 Abm6 Gm7 C7 Fm Bb7 Eb7m⁹ Eb7m⁹ Eb7m

    Eb
Não sei
        Ab7   Eb7M Ab7
Que intensa magia
            Eb
Bb7   G
Teu corpo irradia
          Gbm7   Fm
Que me deixa louco assim
      Gm7 C9-
Mulher
   Fm7 Gm7
Não sei,
C7   C9-   Fm
Teus olhos castanhos
C9-   FM
Profundos, estranhos
        Ab
        Bb Eb7M
Que mistério ocultarão
    C9-
Mullher
    Fm7 Bb7
Não sei dizer

    Eb
Mulher
Ab7   Eb7M
Só sei que sem alma
Ab7   Bb7   Eb
Roubaste-me a calma
          Eb7   Ab   Fm
E a teus pés eu fico a implorar,
Abm7   Abm6
O teu amor tem um gosto amargo...
Gm7   C7
Eu fico sempre a chorar nesta dor
   Fm   Fm7
Por teu amor...
Gm Bb7
Por teu amor...
    Eb7M Cm7 Fm9 Bb13
Mulher...
               Eb7M Db9 Eb7M
2ª vez: mulher

Mas que nada

Samba

Jorge Ben

© Copyright 1963 by Editora de Música Lyra Ltda.
Todos os direitos internacionais reservados. All rights reserved including the Rights of Public Performance for Profit.

TOM — LÁ MENOR
Am   E7   Am

Introdução: *Dm7 G7 Am7 Am6 Dm7 G7 C7M F7M*
     Dm7 G7 Am7 Dm7 G7 Am Dm G7 Am Em

Bis {
Am G7 Am7 Am6
O ariá raiô
Am7 D7 Am
Ôba, ôba, ôba
}

E7 Am7
Mas que nada
E7   E7
Sai da minha frente
*   Am7*
Eu quero passar
* E7   Am7*
Pois o samba está animado
* E7 Am*
O que eu quero é sambar

Am7
Esse samba
*   Am*
G7   Am7 G
Que é mixto de maracatú
*   Em7*
É samba de preto velho
Em7   Am7
Samba de preto tú

E7 Am7
Mas que nada
E7   Am7
Um samba como esse tão legal
E7   Am7
Você não vai querer
* Bm4 E7 Am7*
Que eu chegue no final

Am G7 Am7 Am6
O aria raiô
Am7 D7 Am
Ôba, ôba, ôba

País tropical

Jorge Ben

TOM — FÁ MAIOR
F   C7   F

Introdução: F F7 Bb C7 F F7 Bb C7

I

    F   Bb   C7   F
Moro,   num país tropical
Bb   C7   Dm
Abençoado por Deus,
    Bb   C7 F   Bb C7
E bonito por natureza, ah!...
    F   F7 Bb
Em fevereiro, em fevereiro
C7   F   F7 Bb
Tem carnaval, tem carnaval
        A7   Dm
Tenho um "fusca" e um violão,
                Bb
Sou "Flamengo", tenho uma nega
        F   Bb   C7
Chamada Thereza,   ah!...

II

    Bb7
"Sambaby", "Sambaby"
                F7
Posso não ser um "band-lider, pois é!
Bb7
Mas lá em casa, todos os meus amigos,
                        F7
Meus "camaradinhas", me respeitam, pois é!
Bb7
Esta é a razão da simpatia
                        Gm7
Do poder do "algo mais" e da alegria,
C13
Por isso eu digo,

É que:

ao I verso:

Para terminar: chamada Thereza, ah! $\overset{F}{}$ $\overset{C7}{}$

F F7 Bb C7 F F7 Bb C7 **(repetir ad libitum)**
A   A

O mundo é um moinho

Samba

Cartola

TOM — DÓ MAIOR
C   G7   C

Introdução: F7M   Em7   Am9   Dm7   G7   C9⁶   A9

           Dm7
    Ainda é cedo amor
    G7   *Em7 Am7*
    Mal começaste a conhecer a vida
        Bb   ⁹
        C C13   *F7M F7M*
    Já anuncias a hora de partida
        Em5-   *A7*   *Ab7*
    Sem saber mesmo o rumo que irás tomar
G7   *Dm7*
    Preste atenção querida
      G7   *G*   *F*   *Em7*
    Embora eu saiba que estás resolvida
        Bb
Am7   *C*   *C13*   *F7M*
    Em cada esquina cai um pouco a tua vida
       Dm7   *Em7 Gm7*
    E em pouco tempo não serás mais o que és
C13   *F#°*
    Ouça-me bem, amor
      A°   *G*   *C7M*
    Preste atenção o mundo é um moinho
Am7   *Dm7*
    Vai triturar teus sonhos tão mesquinhos
    G7   *C7M Bb*
    Vai reduzir as ilusões a pó

Bis {
  C7   *A°*
    Preste atenção querida
    F#°   *C*
                            G C7M
    De cada amor tu herdarás só o cinismo
  Am7   *Dm7*
    Quando notares estás à beira do abismo
     ⁴   5+
  Gsusp   *G7*   *C* *A9-* (1ª vez)
    Abismo que cavaste com teus pés
                       ⁶ *C7M C7M* (2ª vez)
                  Ab9 *G*
}

Sá Marina

Antonio Adolfo
e Tiberio Gaspar

Lento

TOM — SOL MAIOR

Introdução: C7M D G C7M (G D7 G / C)

Descendo a rua da ladeira (G ... G13 C7M)
Só quem viu que pode contar (D7 ... Bm7 Am7)
Cheirando a flor de laranjeira (G7M ... G13 C7M)
Sá Marina, eh! vem prá dançar. (C D ... G C7M)

De saia branca costumeira (G9/6 ... C#7 C6M)
Guia o sol que parou prá olhar (D7 ... Bm7 Am7)
Com seu geitinho, tão faceira (G7M ... C#7 C7M)
Fez o povo inteiro cantar (C7M D7 G C6M)

Roda pela vida afora (C5-/9+ ... C C7M C/D)
E põe prá fora esta alegria (D7 GM7 G9/6 E7)
Dança que amanhece o dia prá se cantar (Am A7 C D D7 G7 Dm7)
Guia que esta gente aflita (G7 C CM7 Dsusp4)
Se agita e segue no seu passo (D7 G G9/6 E7)
Mostra toda esta poesia do olhar (Am A7 Dsusp4 D7 D/F# D7)

Deixando versos na partida (G9/6 ... G13 C7M)
E só cantigas prá se cantar (D7 ... Bm7 Am7)
Naquela tarde de domingo (G7M ... G13 C7M)
Fez o povo inteiro a chorar (C D D7 G)
Só fez o povo inteiro a chorar (E5+ Am7 D/Am Bm7)
Só fez o povo inteiro a chorar (E5+ Am7 D7 G C7M G9/6)

Vê se gostas

Chôro

Waldir Azevedo
e Octaviano Pitanga

C7
F
D7
Gm
C7
1.
F
Bb/C
C7
2.
F
Bb
Bbm7
Eb7
Bbm7
Eb7
Bbm7
Eb7
F7
Bb
1.
C7
Cm7
F7
2.
Cm
F7
Bb
C#
C
Do
ao
F

O orvalho vem caindo

Samba

Noel Rosa
e Kid Pepe

© Copyright 1933 by E. S. Mangione. São Paulo, Rio de Janeiro, Brasil
© Copyright 1952 by EDITORIAL MANGIONE S.A., sucessora de E. S. Mangione, São Paulo, Rio de Janeiro, Brasil
© Copyright 1968 by MANGIONE & FILHOS, sucessores de EDITORIAL MANGIONE S.A., S. Paulo, R. Janeiro, Brasil
Todos os direitos autorais reservados para todos os países. All rights reserved.

TOM — RÉ MAIOR

D   A7   D

Introdução: *Em7 A7 D F 7 Bm7 F#7 Bm E7 E7 A9*
                                                                           9
              D#º A9 D Aº A7 D

        Em   A7   D   Bm7
        O orvalho vem caindo
G7M   F#7   Bm   Bm4
Vai molhar o meu chapéu
E7   A7   Em7
  E também vão sumindo
A7   A7   G#º D7M
  As estrêlas lá no céu...
   C7M   A7   D
  Tenho passado tão mal!
                         G
G7M   F#m7 Bm A A7 D D7M
A minha cama é uma folha de jornal.
     Em7   A7   D
Meu cortinado é o vasto céu de anil
     D7M   Bm E7   A7
E o meu despertador é o guarda civil
         A7   D
(Que o salário ainda não viu)

      Em7   A7   D
O meu chapéu   vai de mal a pior
      D7M Bm   E7   E7   A7
E o meu terno pertenceu a um defunto maior
        A7   D
(Dez tostões no "belchior"

       Em7   A7   D7M
A minha sopa não tem osso, não tem sal
      D7M Bm   E7   A7
Se um dia   passo bem, dois e três passo mal
      A7   D
(Isto é muito natural)

       Em7   A7   D7M
A minha terra dá banana e aipim
      D7M Bm   E7   A7
Meu trabalho é achar quem descasque por mim
      A7   D7M
(Vivo triste mesmo assim).

Da cor do pecado

Samba - Chôro

Alberto de Castro Simões da Silva
(Bororó)

TOM — RÉ MAIOR
D   A7   D

Introdução: D7 G D° F#m7 B7 Em A7 D A7

    D7M   B9-   Em7
Este corpo moreno,
         A7   F#m7
Cheiroso, gostoso
        F°   Em7 A13
Que você tem...
                4   A
    D7M E7susp   E
É um corpo   mesclado
     F#7   Bm7
Da cor do pecado
     E7   Em7 A7
Que faz tão bem...
    D7M   B9-   Em7
Este beijo molhado
        A7 F#m7
Escandalizado
        F°   Em7 A13
Que você me deu...
      D7   G
Tem sabor diferente,
     F°   F#m7B7
Que a boca da g e n t e,
     Em7 A7   D
Jamais   esqueceu

    Bm7   Bbm7   Am
Quando você me responde,
    Am7   D7
Umas coisas com graça,
   D
  C   G
A vergonha se esconde...
  C7M   Bm7
Porque se revela
    E7   Am
A maldade da raça,
           C
  D7   D
Este cheiro de mato,
         G7M
Tem cheiro de fato
         Bm7
Saudade — Tristeza...
  Bbm7   Am
Esta simples beleza,
  C7M   B7
Este corpo moreno,
     Em7   G7
Morena enlouquece,
C7M   C#°   Bm7
Eu não sei bem porque
Eb7   Ab
Só sinto na vida
  D7   G A7
O que vem de você (Ai)

203

Prá frente, Brasil

Hino

Miguel Gustavo

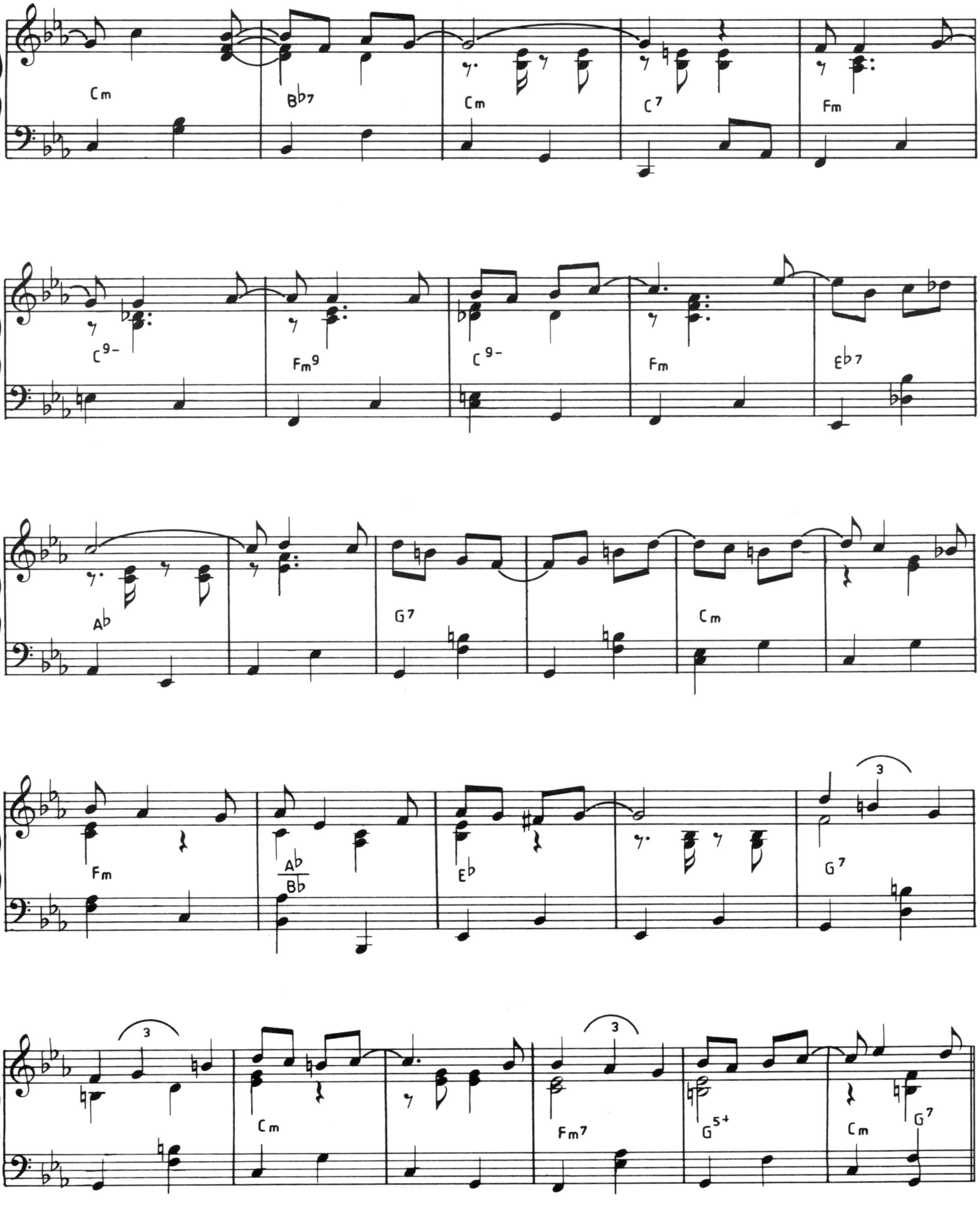
Cm
B♭7
Cm
C7
Fm
C9-
Fm9
C9-
Fm
E♭7
A♭
G7
Cm
Fm
A♭/B♭
E♭
G7
Cm
Fm7
G5+
Cm
G7

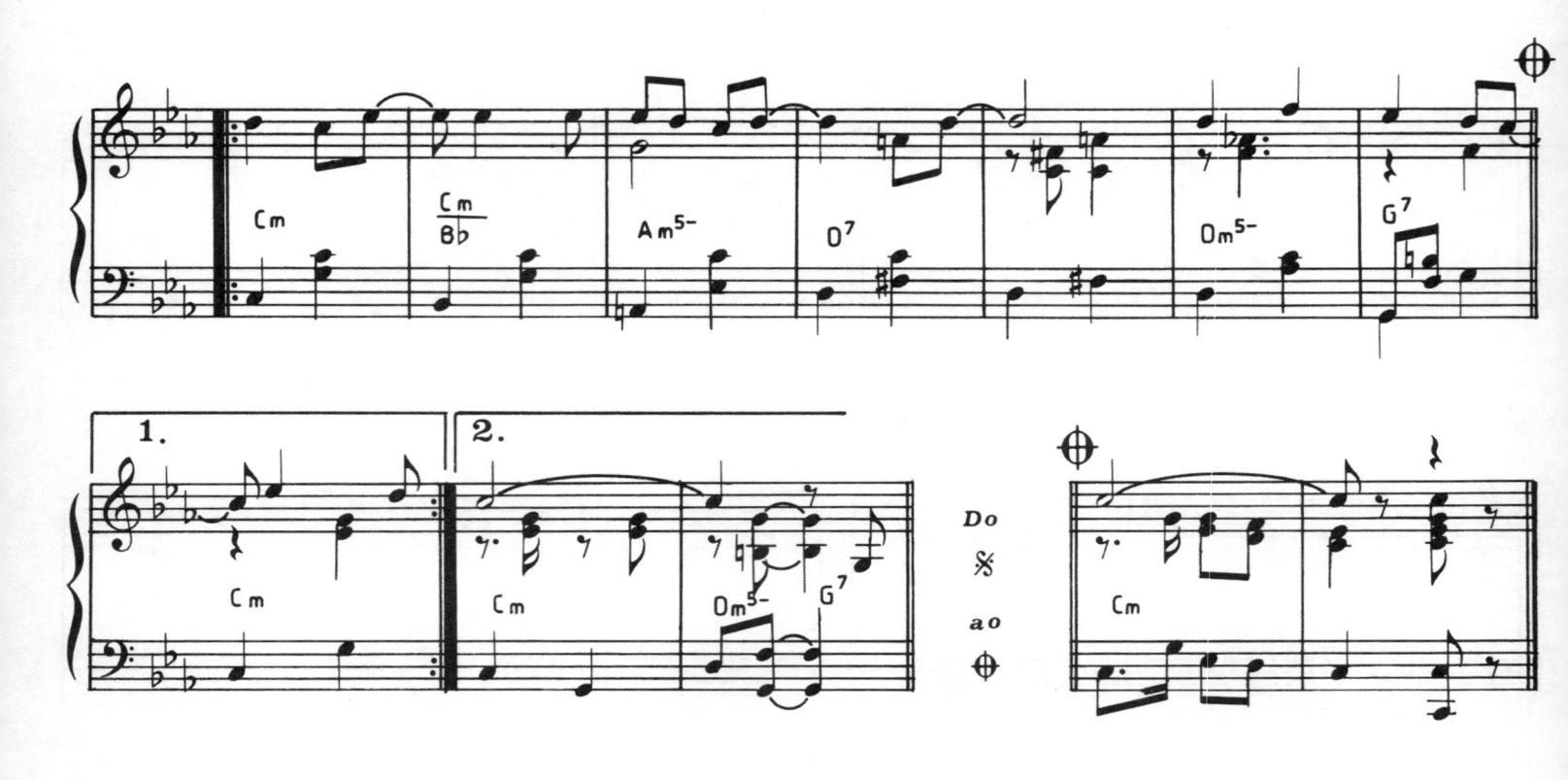

TOM — DÓ MENOR
Cm   G7   Cm

Introdução: *Fm Dm5- Cm7 Fm G7 Cm7 Fm7 Fm G7*

    Cm G7   Cm
    90 milhões em ação
 Ab G7 Cm
    Prá frente Brasil
   Bb7 Cm
    Do meu coração
C7 Fm C9- Fm9
    Todos juntos vamos
    C7   Fm
    Prá frente Brasil
   Eb7 Ab
    Salve a Seleção
    G7
    De repente é aquela
   Cm
    Corrente prá frente
     Ab
   Fm Bb   Eb
    Parece que todo o Brasil deu a mão
   G7   Cm
    Todos ligados na mesma emoção
   Fm7 G5+ Cm
    Tudo é um só coração
      Cm
   G7 Cm Bb
    Todos juntos vamos
Bis   *Am5- D7*
    Prá frente Brasil, Brasil
   Dm5- G7 Cm
    Salve a Seleção

Eu sonhei que tu estavas tão linda

Valsa

Francisco Mattoso
e Lamartine Babo

F7M C6/9 Em7 A7 Dm A5+ Dm A7
Dm7 F/G G7 G5+ Em7 Eb7 Dm7 G7 C7M
G7 C7M F7M C/G Em7 Dm C9
F7M Fm6 Em7 Am7 A7 Dm7 G7 Bb7 C13
F7M Fm6 C7M A13 Dm7 G7 C Fm7 C6/9

TOM — DÓ MAIOR
C   G7   C

Introdução: F7M   Bb7   C7M   A7   Dm7   G7   C   G13

           Dm   G7   C7M
Eu sonhei... que tu estavas tão linda...
Am9   Dm   G7   Em7   Dm7   C7M
Numa festa de raro esplendor
      Em7   B7   Em7   Em9
Teu vestido de baile... lembro ainda:
    Am7   D7   Dm
Era branco, todo branco, meu amor!
G7   C7M   G7   C7M   F7M
A orquestra tocou umas valsas dolentes,
           6
         C9   Em7   A7   Dm   A5+
Tomei-te aos braços, fomos dançando, ambos silentes...
                                      F
   Dm   A7   Dm7 G
E os pares que rodeavam entre nós,
      G7   G5+   Em7   Eb7   Dm7
Diziam coisas, trocavam juras a meia voz

  G7   C7M   G7   C7M   F7M
Violinos enchiam o ar de emoções
          C
         G   Em7   Dm
E de desejos uma centena de corações...
C9   F7M   Fm6   Em7   A7
Prá despertar teu ciúme, tentei   flertar alguém...
     Dm7   G7   Bb7
Mas tu   não flertaste ninguém!...
C13   F7M   Fm6
Olhavas só para mim
   C7M   A13
Vitórias de amor cantei,   6
  Dm7   G7   C   Fm7   C9
Mas foi tudo um sonho... acordei!

No Rancho Fundo

Samba - Canção

Ary Barroso e
Lamartine Babo

TOM — FÁ MAIOR
F   C7   F

Introdução: Bb Bbm Am7 Ab° Gm7 C7 F Dm9 Gm7

I

    F7M
No Rancho Fundo
  Em7   A5+   Dm
Bem pra lá do fim do mundo
  Am7   B7M
Onde a dor e a saudade
         C7   F
Am7   G   A
Contam coisas da cidade...

Bb
C C7   F7M
No Rancho Fundo
   C
   E   A5+   Dm
De olhar triste e profundo
  Am   Bb
Um moreno canta as "magua"
   Am7 G F7M Gm7
Tendo os olhos rasos d'agua...
F7M   Am7 D7
Pobre moreno
  Cm   Gm
Eb D7 Bb
Que de tarde no sereno
 Bbm   Bbm6 F
Espera a lua no terreiro
   G7 C7 F6 Bb7
Tendo o cigarro por companheiro
F7M   Am7 D7
Sem um aceno
  Cm   Gm
Eb D9 Bb
Ele pega na viola
  Bbm7 Bbm6 F
E a lua por esmola
     G7 C7 F
Vem por quintal desse moreno!

II

    F7M
No Rancho Fundo
  Em7   Ab5+ Dm
Bem pra lá do fim do mundo
  Am7   Bb7M
Nunca mais houve alegria
        C7   F
Am7 G   A
Nem de noite nem de dia!

Bb
C C7 F7M
Os arvoredos
    C
  E   A5+   Dm
Já não contam mais segredos
  Am   Bb
E a última palmeira
    C7
  Am7 G F7M Gm7
Ja morreu na cordilheira!
F7M   Am7 D7
Os passarinhos
  Cm   Gm
Eb D7 B
Internaram-se nos ninhos
  Bbm7 Bbm6 F
De tão triste esta tristeza
   G7 C7 F6 Bb7
Enche de trevas a natureza!
F7M   Am7 D7
Tudo porque?
  Cm   Gm
Eb D7 Bb
Só por causa do moreno
  Bbm7 Bbm6 F
Que era grande hoje é pequeno
    G7 C7 F
Para uma casa de sapé.

III

    F7M
Se Deus soubesse
  Em7 A5+   Dm
Da tristeza lá na serra
  Am7   Bb7M
Mandaria, lá pra cima
        C7   F
Am7 G   A
Todo o amor que há na serra...

Bb
C C7   F7M
Porque o moreno
   C
  E   A5-   Dm
Vive louco de saudade
  Am   Bb
Só por causa do veneno
    C7
  Am7 G   F7M Gm7
Das mulheres da cidade
F7M   Am7 D7
Ele que era
  Cm   Gm
Eb D7 Bb
O cantor da primavera
   Bbm7 Bbm6 F
Que até fez do Rancho Fundo
    G7 C7 F6 Bb7
O céu melhor que tem no mundo
    Am7   D7
O sol queimando
  Cm   Gm
Eb D9- Bb
Se uma flor lá desabrocha
  Bbm7 Bbm6 F
A montanha vai gelando
    G7 C7 F
Lembrando o aroma da cabrocha!

Maria ninguém

Samba-Toada

Carlos Lyra

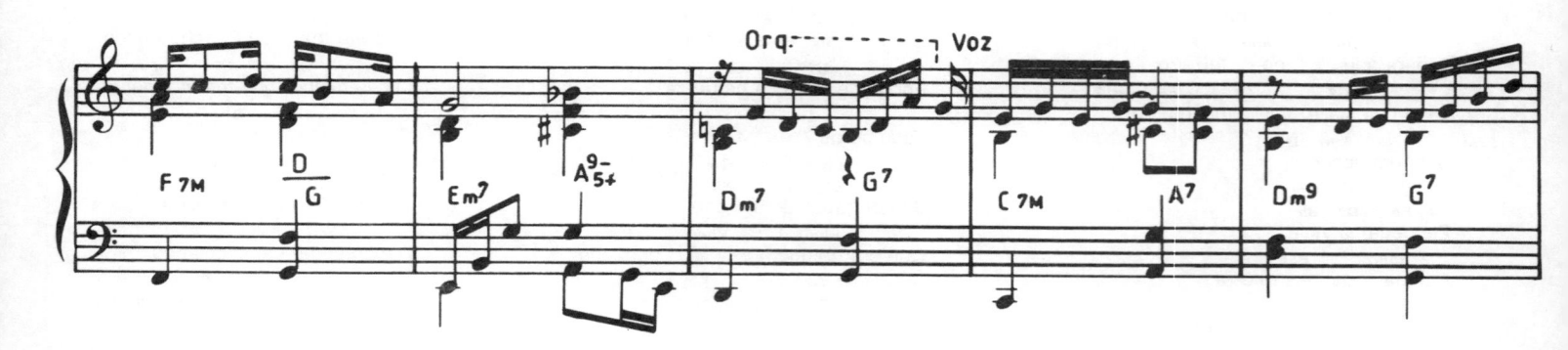

TOM — DÓ MAIOR
C   G7   C
                                          E   6
Introdução: *Dm7 E7M C#m7 F#m7 B7 G# C#m7 F#m7 B13 G7M Em7 Am7 D7 G9 Am7 Dm7 G13*

    E7M   C#m7   F#m7   B7
Pode ser que haja uma melhor pode ser
 E
 G#   C#m7   F#m7   B13
Pode ser que haja uma pior, muito bem
 G7M   Em7   Am7
Mas igual a Maria que tenho
         9
 D7   G9   Am7   Dm7 G13
No mundo inteirinho igualzinha não tem
 C7M   A7
Maria Ninguém
Dm7   F   G   C   A7
É Maria e é Maria meu bem
       9
Dm7   G7   C9
Se eu não sou João de Nada
                   Dm
C5+   F7M   G   Em7 A5+ Dm7 G7
Maria que é minha é Maria Ninguém
 C7M
Maria Ninguém

                       6
Dm9 G7   C9   A7
É Maria como as outras também
                   6
Dm   C9
Só que tem que ainda á mellhor
 Am7   F#m7   B7   E7
Do que muita Maria que há por aí
 Am7   D9   Bm
Marias tão frias cheias de manias
 Em Am7   D7   Dm Dm9 G13
Marias vazias pro nome que tem
 C7M   A7
Maria Ninguém
Dm7   F   G   C   A7
É um dom que muito homem não tem
                    6
Dm7 G7   C9
Haja visto quanta gente
               D   *9-*
C5+   F7M   G   Em7 A5- Dm7 G7
Que chama Maria e Maria não vem
 C7M   A7
Maria Ninguém
                    6
Dm   G7   C9   A7
É Maria e é Maria meu bem
                   6
Dm   D7   C9
Se eu não sou João de Nada
                   Dm
C5+   F7M   G   Em7
Maria que é minha é Maria Ninguém

Tristeza

Samba

Haroldo Lobo
e Niltinho

© Copyright 1966 by Editora Musical Arapuã
Todos os direitos autorais reservados - All rights reserved.

TOM — RÉ MAIOR
D   A7   D

Introdução: G Gm7 Gm6 Em A13

         D D7M
T r i s t e z a
      F#m7   Em
Por favor   vai embora
G
A   A7   F#m7
Minha alma que chora
Em7   A7   D
Está vendo o meu fim
Am7   D7   G
Fez do meu coração a sua moradia
Gm   Gm6   F#13 F#13_
Já é demais o meu penar
B7   E7
Quero voltar aquela vida de alegria
Em7   A7   D D13
Quero de novo cantar

Bis
       G
La, ra, ra, ra
Gm   Gm7 Gm6 C9   C11+
La, ra,   ra, ra,   ra,   ra
B7   E7
La, ra, ra, ra, ra, ra,
Em7   A7   D D7
Quero de novo cantar

                              7M
               D C11+ C9 D9
2ª vez: cantar

André de sapato novo

Chôro

André Victor Correia

F7
Bb
Cm7
F7
Bb
Bb7
Eb
Dm
Gm
Cm
F7
Bb
D7
Do
ao
Bb
F7
Bb
Bb
G7
Cm
F7
Bb
Dm5-
G7
Cm
Ebm
Ebm6
Bb
Gm
C7
F7
Bb
D7
Do
ao
Gm
Cm
D7
Gm

A flor e o espinho

Samba

Nelson Cavaquinho,
Guilherme Brito
e Alcides Caminha

© Copyright 1956 by Todamérica Música Ltda.
Todos os direitos reservados - All rights reserved

TOM — RÉ MENOR
Dm   A7   Dm

Introdução: *Dm   Gm   C7   F7M   Gm7   A7*

       Dm   *Gm*
      Tire o seu sorriso do caminho
Em5-   *A7*   *Dm*
  Que eu quero passar com a minha dor
                4
    Am5-   *Dsusp*   *D7*   *Gm*
    Hoje prá você   eu sou espinho
Bb
 C   *C7*   *F* *Am7*
    Espinho não machuca a flor
Gm   *A7*   *Dm*   *Bb7*
  Eu só errei quando juntei minh'alma à sua
    Em5-   *A7*   *Dm*
   O sol   não pode viver perto da lua

Em5-   *A7*   *Dm*
  É no espelho que eu vejo a minha mágua
Am5-   *D7*   *Gm7*
  A minha dor e os meus olhos rasos d'água
Em5-   *A7* *Dm7*   *Bb7M*
Eu   na sua vida já fui uma flor
         Gm7   *Bb7* *Bb9* *A7*
Hoje sou espinho em seu amor.
                     9-   9
            Dm *A5+* *D7M*
Para terminar: seu amor

Querem acabar comigo

Música jovem brasileira

Roberto Carlos

TOM — FA MAIOR
F C7 F

Introdução: F7M Gm7 C13 C13(9) F7M Gm7 C7

Gm7   C   C9
Querem acabar comigo
Gm7   C7 C9
Nem eu mesmo sei porque
              Am   Gm7
Enquanto eu tiver você aqui
              Bb
         F7M   C
Ninguém poderá me destruir

Gm7   C7   C9
Querem acabar comigo
Gm7   C
Isso eu não vou deixar
       Am   Gm
Me abrace assim, me olhe assim
           Bb
       F7M   C
Não vá ficar longe de mim.

F7M   Dm   D7   Gm   C
Pois enquanto eu tiver você comigo...ô...ô...
         F7M
Sou mais forte
       D7   Gm   Am7 F7
E para mim não há perigo...ô...ô...
      Bb
Você está aqui
      Gm   C7
E eu estou também
Gm7   C7
Com você eu não temo ninguém
         Bb
F7M   C
Você sabe bem de onde eu venho
                      Bb
F7M Dm   C
E no coração o que eu tenho
    F   Dm
Tenho muito amor
       Gm   C7   Gm7
E é só o que interessa...ô..ô...
    Bb   Bb
C7   C   C7   Am5-
Sempre aqui pois a verdade é essa...ô...ô...

Inútil paisagem

Samba-Canção

Antonio Carlos Jobim
e Aloisio de Oliveira

TOM — FA MAIOR
F   C7   F

Introdução: Gm9   Db5+^{13} C9-^{6}

    F7M   E7M   Eb7M
Mas, pra que
D9   Gm7
Pra que tanto céu
Gm9   Bbm7   Bbm6
Pra que tanto mar, pra que
    A13   A5+   D9
De que serve esta onda que quebra
D9-   G13
E o vento da tarde
C9+   F13
De que serve a tarde
Bb7   F7M   Gb7
Inútil paisagem
          F
F7M   E7M   Eb7M   Eb
Po—de   ser
D9   D9-   Gm7
Que não venha mais
       Bbm7
Que não voltes nunca mais
   A13   A5+   D9
De que servem as flores que nascem
D9-   G7
Pelos caminhos
C9+   F13
Se o meu caminho
Bb7   F7M Gb11+
Sózinho, é nada

Voltar ao princípio e para terminar:

   A13   A5-   D9
De que servem as flores que nascem
D9-   G9
Pelos caminhos
C9-   F13
Se o meu caminho
Bb7   F7M
Sózinho, é nada
 F7M   Bb13
É nada
 F7M
É nada

Proposta

Roberto Carlos
e Erasmo Carlos

TOM — SOL MAIOR
G   D7   G

Introdução: *Bm7 Am D13 D7*

      G
Eu te proponho
Nós nos amarmos
    F#m5-
Nos entregarmos
B7   *Em*
Neste momento
Tudo lá fora
    Dm7
Deixar ficar

G7   *C*
Eu te proponho
    D7
Te dar meu corpo
    G
Depois do amor,
  B7   *Em*
O meu conforto
  A7
E além de tudo
Depois de tudo,
   D7   *D Am D7*
Te dar a minha paz
    G
Eu te proponho
Na madrugada,
    F#m5-
Você cansada
B7   *Em*
Te dar meu abraço,
No meu abraço
    Dm
Fazer você dormir

G7   *C*
Eu te proponho
    C
    D
Não dizer nada
D7   *G*
Seguirmos juntos
B7   *Em*
A mesma estrada
    A7
Que continua
    C
    D
Depois do amor
                     Eb
D7   *G*   *Em7 G C G F G*
No amanhecer

Dindi

Samba - Canção

Antonio Carlos Jobim
e Aloisio de Oliveira

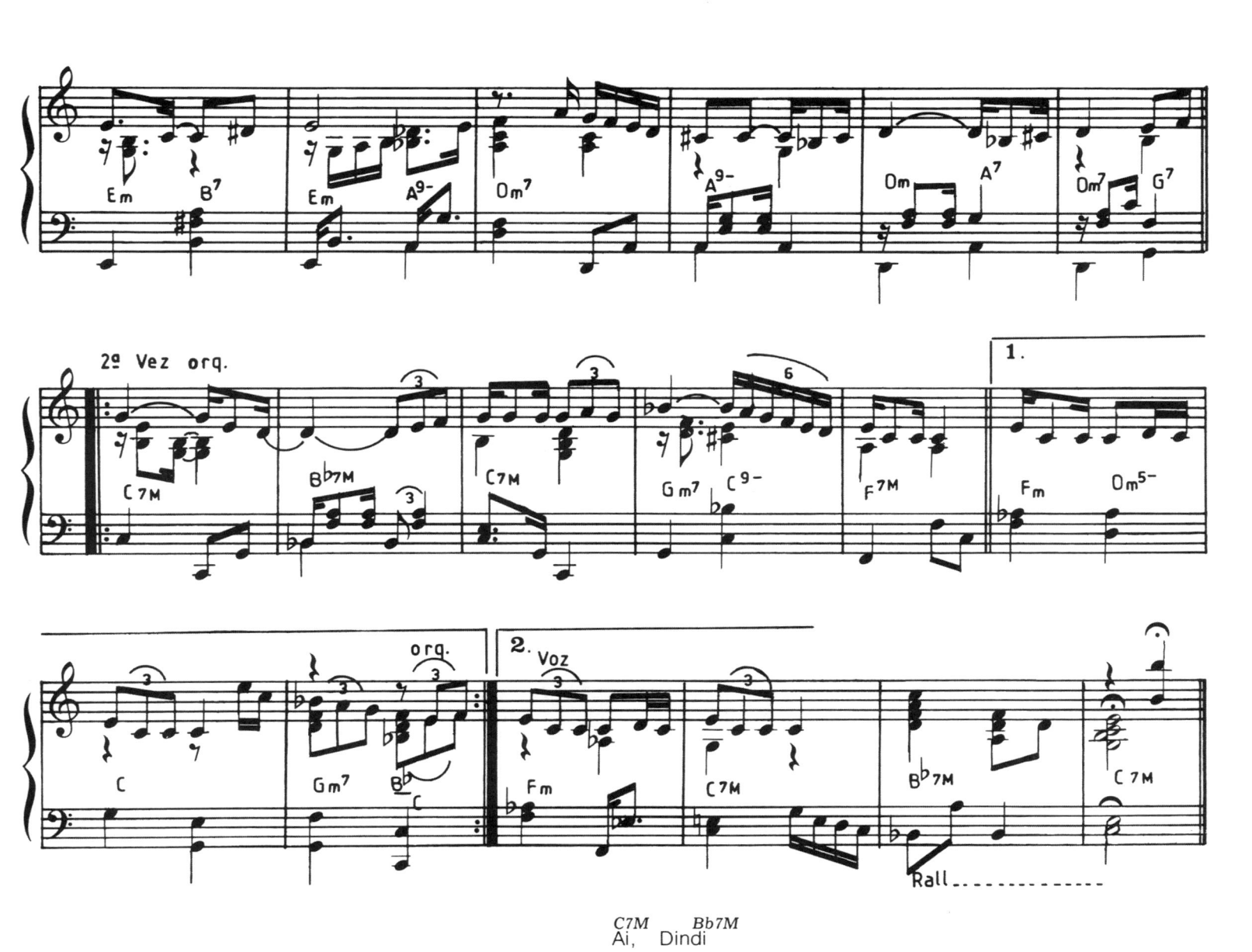

TOM — DÓ MAIOR
C G7 C

Introdução: G7

     C7M   *Bb7M*
Céu, tão grande é o céu
                 C7M
E que bandos de nuvens
             Bb7M
Que passam ligeiras
A7M   *F#m7*
Para onde elas vão
     Bm7   *E7*
Ai! eu não sei, não sei
   C7M   *Bb7M*
E o vento que fala nas folhas
            C7M
Contando as histórias
Que são de ninguém
A7M   *F#m7*
Mas que são minhas
   Bm7   *E7*
E de você também

   C7M   *Bb7M*
Ai, Dindi
          C7M   *Em7*   *Gm7*
Se soubesses o bem que eu te quero
         F7M
O mundo seria, Dindi

Fm   *C*   *G11*
Tudo, Dindi, lindo, Dindi,
C7M *Bb7*   *C7M*   *Gm7*
Ai, Dindi, se um dia você for embora
  C9-   *F7M*
Me leva contigo, Dindi
Fm *Dm5-* *C*   *C* *F#m5-* *B7*
Olha, Dindi, fica, Dindi,
Em   *C7*   *B7*   *Em* *B7* *Em* *A9-*
E as águas deste rio onde vão, eu não sei
Dm7   *A9-*
A minha vida inteira
 Dm *A7* *Dm7* *G7* *C7M* *Bb7M*
Esperei, esperei por você, Dindi
    C7M   *Gm7*
Que é a coisa mais linda que existe

C7   *F7M*
É você, não existe, Dindi
                         Bb
Fm *Dm5-* *C*   *Gm7* *C*
Olha, Dindi, advinha, Dindi

Orquestra: *C7M Bb7M C7M Gm7 C9- F7M*

Fm   *Dm5-*
Deixa, Dindi,
          C
Que eu te adore, Dindi.

Primavera (vai chuva)

Cassiano
e Silvio Rochael

TOM — SOL MAIOR

```
          G    G7   C
                            D
Introdução: G7M  G13  C7M  Bm7  C
```

```
                                              Am
G7M           Bm7   Am7           D   D13
Quando o inverno chegar,  eu   quero estar junto a ti
                                              Am
Bm7           Em9   Am7           D   D7
Pode o Outono voltar,  que eu quero estar junto a ti
      C       C#m7   F#7
Porque é Primavera
                                         C
    G7M   Em7    C#m5- C7 Am7  D7       D
Te amo,  é    Primavera, te amo é Primavera, meu amor
 D7          Bm7  Am7
Trago esta rosa para te dar
 D7          Bm7  Am7
Trago esta rosa para te dar
 D9          Bm7  Am7
Trago esta rosa para te dar
 C
 D   G       G7M       C7M       G
Meu amor hoje o céu  está tão lindo, vai chuva
         G            C7M         G
Hoje o céu está tão lindo, vai chuva
         G            C7M   G7M
Hoje o céu está tão lindo, vai chuva
         G            C7M
Hoje o céu está tão lindo
         G    C7M
É Primavera ú   ú
      G
Vai chuva
         G    C7M    G
Hoje o céu está tão lindo, vai chuva
         G    C7M    G
Hoje o céu está tão lindo, vai chuva
```

Vagabundo

Baião

Mário Mascarenhas

Dm5- G7
Cm
G7
Cm7
Am5-
Gm
Eb7M
D7
Am5- D7
G
Am7 D7
Vivo
mais rápido
G
Bm7 Em7
Am7
D7
Am7 D7
G D7
G
G7
C G13

C
G
Am7
O7
G
O7
G
G
Em
Am
E7
Am
O7
Am
O7
Am
O7
Bm7
Am7
G
Bm5-
E7
Am
C
G
Am7
O7
G

Última forma

Baden Powel
e Paulo Cesar Pinheiro

Em5- A7 Dm7 F7 E E7 A7 Dm7
G7 G5+ C7M G13 F#m5- B7 Em7 Em9
Em7 Gm7 C7 F7M Em5- A9- Dm7
F7 E7 A7 Dm Dm7 G7 C7M C6 9
C6 9 B7 B7 Em7 Em7 F#m5-
B7 Em7 Em7 A7 A7 Dm7

TOM — DÓ MAIOR
C   G7   C

Introdução: A7 Dm7 G7 G5+

```
      C7M    B13        F#m5-   B7      Em
      E,    como eu falei,   não ia durar
Em                Em5  A7    A9-  Am7
      Eu bem que avisei,  vai desmoronar
      F7
      Hoje ou amanhã
           4
      Esusp   E7    Am7
      Um    vai se curvar
      F7              E7                 A7
      E graças a Deus não vai ser eu que vai mudar
            Em9   A7
      Você perdeu
      Dm      Em7       A7      Dm
      E,   sabendo com quem eu lidei
Em9-              Am7
      Não vou me prejudicar
Am7              Em5-
      Nem sofrer, nem chorar
      A7           F7
      Nem vou voltar atrás
Em5-       A7       Dm7
      Estou no meu lugar
              F7              E
      Não há razão pra se ter paz
              E7           A7    Dm7
      Com quem só quis rasgar o meu cartaz
              G7   G5+        C7M
      Agora pra mim você não é nada mais
G13        F#m5- B7         Em7   Em9
      E qualquer um   pode se enganar
Em7           Gm7     C7          F7M
      Você foi comum, pois é, você foi vulgar
Em5-          A7      Dm7
      E o que é que eu fui fazer
              F7             E7
      Quando dispus te acompanhar
      E7              A7
      Porém, pra mim você morreu
                                    6
      Dm      Dm7     G7     C   C9
      Você foi castigo que Deus me deu
```

```
         B7       Em7
      Não saberei jamais
F#m5-      B7       Em7
      Se você mereceu perdão
         A7       A7     Dm
      Porque eu não sou capaz
Bb                     D
E       Ab5+    A
      De esquecer uma ingratidão
         G7   G5+    C7M
      E você foi uma a mais
G13        F#m5-B7       Em7   Em9
      E qualquer um  pode se enganar
Em7           Gm7     C7          F7M
      Você foi comum, pois é, você foi vulgar
Em5-          A7      Dm7
      E o que é que eu fui fazer
              F7             E7
      Quando dispus te acompanhar
      E7              A7
      Porém pra mim você morreu
                                    6
      Dm      Dm      Dm7     G7C9
      Você foi castigo que Deus me deu
         B7       Em7
      E como sempre se faz
F#m5-            Em
      Aquele abraço, adeus
         A7      Dm7
      E até nunca mais
Bb                     D
E       Ab+     A
      Assim acho que é
         G7   G5+    C7M
      Já falei tudo   enfim
      B7           Em7
      Diga o que se disser
F#m5-      B7       Em7
      Vida não tem mistério
         A7       Dm
      O mistério maior
              A5+      D
              A
      É que eu vou duvidar de mim
         G7   G5+    C7M
      Pensem no que eu quis dizer no fim.
```

A vida do viajante

Xótes - Baião

Luiz Gonzaga
e Hervê Cordovil

TOM — FÁ MAIOR
F   C7   F

Introdução: C7 F C7 F Gm C7 F G7 C7 F

          F
Minha vida é andar
     Eb
Por este país
        F
Pra ver se um dia
       C7
Descanso feliz

  G9   C7 F D7
Guardando recordação
 E°   F#°   Gm
Das terras onde passei
      C7   F   D7
Andando pelos sertões
  F7   C7   F
Dos amigos que lá deixei.

        C
   F   E
Chuva e sol
  Eb   Dm
Poeira e carvão
       C Bb   F
F6   E   D   C
Longe de casa sigo o roteiro
      F   Gm C7
Mais uma estação
F   G7   C7 F
E a saudade no coração!

Cadeira vazia

Samba - Canção

Lupicínio Rodrigues
e Alcides Gonçalves

2.
Am5-
D7
Gm
Gm/F
A♭
D7
G7M
Em9
Am7
D7
G7M
F7
E7
Am
Am/G
F♯m7
B7
Em
Em7
1.
A13
Am7
D7
G7M
G/A
D7M
Bm7
B7
Em7
A7
Am7
C/D
D13
2.
Dm7
G7
C7M
Cm7

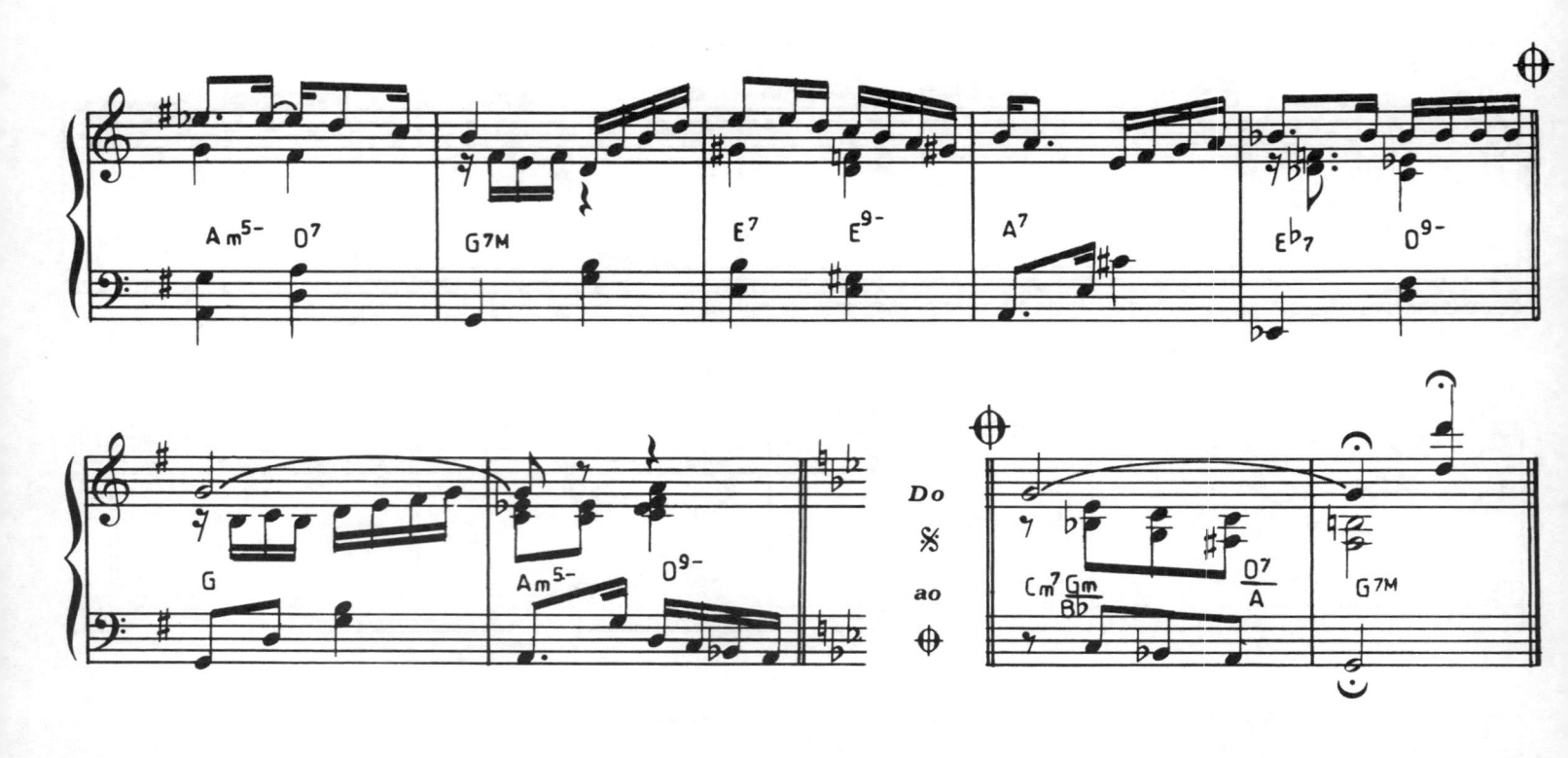

TOM — SOL MENOR
Gm   D7   Gm

Introdução: Cm Am5- D7 Gm7 $\overset{Gm}{F}$ Gm7 Ab D7 Gm Cm7 Am5- D7

```
   Gm7          A7   D7         Gm
Entra meu amor      fica a vontade
   Fm7              G7
E diz   com sinceridade
                    Cm7  Cm9
O que desejas de mim
     Cm
Cm   Bb      Am5-  D9-     Gm
Entra     podes entrar a casa é tua
   Em5-      A7       D7M
Já que cansaste de viver na rua
   Em7       A7       Am7  D7
E teus sonhos chegaram ao fim.

   Gm          A7  D7        Gm
Eu sofri demais     quando partiste
   Fm7              G7
Passei   tantas horas tristes
        G7             Cm7  Cm9
Que nem devo lembrar esse dia
Am5-      D7             Gm
Mas de uma coisa podes ter certeza
       Gm
       F            Ab
Que teu lugar aqui na minha mesa
       D7          G7M  Em9  Am7
Tua cadeira ainda está vazia.
```

```
  D7    G7M   F7    E7         Am
Tu és    a filha pródiga que volta
       Am
   G    F#m7    B7     Em
Procurando  em minha porta
  Em7       A13        Am7
O que o mundo não te deu
                    G
  D7    G7M      A        D7M
E faz de conta que sou o teu paizinho
          Bm7       B7    Em7
Que tanto tempo aqui fiquei sozinho
                            C
    A7            Am7    D   D13
A esperar por um carinho teu.

    G7M   F7    E7         Am
Voltastes,   está bem, estou contente
       Am
   G    F#m7  B7     Em
Só me encontraste muito diferente
  Em7     Dm7     G7      C7M
Vou te falar  de todo o coração
  Cm         Am5-  D7   G7M
Não te darei carinho nem afeto
           E7                 A7
Mas prá te abrigar podes ocupar meu teto
  Eb7D9-                G  Am5-D9-
Prá te alimentar   podes comer meu pão

                          Gm    A7
                     Cm7  Bb   A  G7M
(2.ª vez para terminar): meu pão
```

Meu pequeno Cachoeiro

(Meu Cachoeiro)

Toada

Letra e Música
de Raul Sampaio

Em A7 D Em7 A7 D
Em7 A7 F#m Em7 D Bm7
1. Em A7 A7 D A7 D
2. A7 D G7M D Bm7 Em
G/A A7 D G7M D Bm7 G Em

TOM — RÉ MAIOR
D   A7   D

Introdução: D G7M Em A7

                Em
Eu passo a vida recordando
G
A   A7   D
De tudo quanto aí deixei
       D
  F#   F#m
Cachoeiro, Cachoeiro
             Em
Vim ao Rio de Janeiro
   A7   D A7
Pra voltar e não voltei
D7M   Bm   Em
Mas te confesso, na saudade
A7   D G7M
As dores que arranjei em mim
D   Em
Pois todo o pranto destas mágoas
  A7
Inda irei juntar às águas
D   D   Em7 A7
Do teu Itapemerim

 D   Em
Meu pequeno Cachoeiro
A7   F#m Em7
Vivo só pensando em ti
    D   Bm7   Em
Bis Ai que saudade dessas terras
Entre as Serras
A7   D A7 D
Doce terra onde eu nasci.

(Para terminar D G7M D**)**

         Bm7   Em
Recordo a casa onde morava
G
A   A7   D G7M
O muro alto, o laranjal
D   Bm   G
Meu flamboyant na primavera
    Em   A7
Que bonito que ele era
                   G
                 D A
Dando sombra no quintal
D   Bm7   Em
A minha escola, a minha rua
A7   D G7M
Os meus primeiros madrigais
D   Em
Ai! como o pensamento vôa
           A7
Ao lembrar da terra boa
                 D Em A7
Coisas que não voltam mais

(Parte declamada)

Sabe meu Cachoeiro
Eu trouxe muita coisa de você
E todas estas coisas me fizeram saber crescer
E hoje me lembro de você
Me lembro e me sinto criança outra vez...

 D   Em
Meu pequeno Cachoeiro
A7   F#m Em7
Vivo só pensando em ti
D   Bm7   Em
Ai que saudade dessas terras
Entre as Serras
A7   D G D A7 D
Doce terra onde eu nasci.

Brejeiro

Tango

Ernesto Nazareth
(1863-1934)

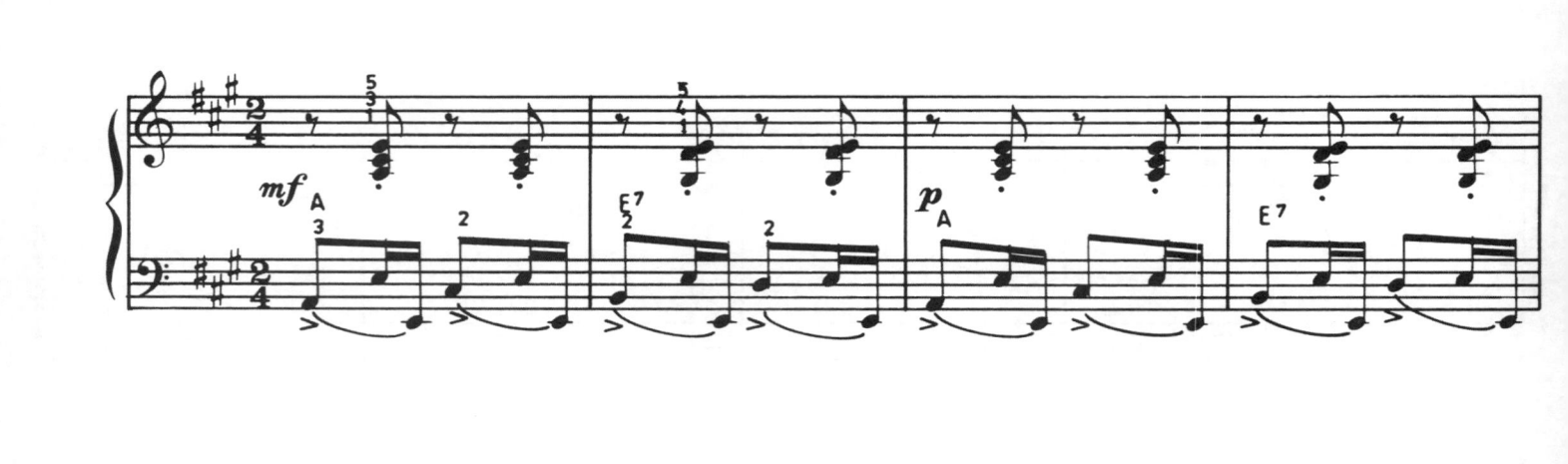

Pelo original

245

f E
B7
E
B7
E
8va
B7
D#7/A#
D#7
G#m
B7
f E
B7
E
B7
gingando
E
G#7
C#m
E
B7
8va
E
f
mf A
E7
p A
E7
mf A
E7
A6
E7
A
E7

A6 E7 C♯7 F♯m B7
E7 A Bm E7 A
A E7 A6 E7 A
E7 A6 E C♯7 F♯m
B7 E7 A/C♯ Bm/D Dm6 E7 A

O SEGREDO MARAVILHOSO DAS CIFRAS

Atendendo à diversos telefonemas de Professores e Pianistas que não tocam pelo Sistema Cifrado, transcrevo aqui algumas rápidas orientações de «Como tocar a Música Popular por Cifras».

Não irei apresentar precisamente uma aula, porque o espaço é pequeno, mas apenas algumas «Dicas» para aqueles que me telefonam do interior, baseado no sucesso desta Enciclopédia «O Melhor da Música Popular Brasileira», atualmente em 7 volumes, cujo 1.º volume já atingiu a 3.ª edição em menos de um ano.

GOSTAR DE CIFRAS

Antes de dar a primeira «Dica», gostaria de dizer que o melhor remédio para aprender Cifras é «Gostar delas» e não querer aprender já vindo «Sem vontade de gostar», pois seu estudo requer muito gosto, ação criadora e ritmo próprio. É mais uma matéria importante que vai somar aos seus conhecimentos musicais, porque será, sem dúvida alguma, uma prova de Ritmo, onde você poderá criar maravilhas com estas simples Cifras, que nada mais são que uma oportunidade para colocar em prática todos os seus conhecimentos de Harmonia ou os seus dons naturais deste seu ouvido absoluto que Deus lhe deu.

CIFRAS

São letras e sinais convencionais que se colocam acima ou abaixo de uma Melodia, para representar os acordes do Acompanhamento. As Cifras, mundialmente conhecidas, são escritas em Lingua Anglo Saxônia e Lingua Latina.

```
DÓ  RÉ  MI  FÁ  SOL  LÁ  SI   (Lingua Latina)
C   D   E   F   G    A   B    (Anglo Saxônia)
```

ORDEM ALFABÉTICA

As notas em Lingua Anglo Saxônia, seguem a ordem do alfabeto;

```
A   B   C   D   E   F   G
```

Começa na letra **A**, que é a nota Lá, por ser a nota principal do Diapasão Normal. As Cifras são usadas desde a Idade Média.

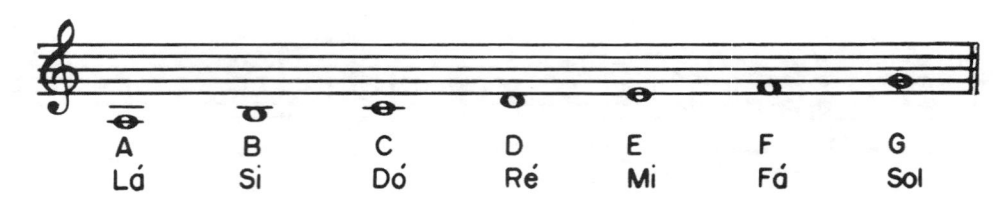

```
A    B    C    D    E    F    G
Lá   Si   Dó   Ré   Mi   Fá   Sol
```

Na Cifragem Anglo Saxônia, os acordes maiores são representados apenas pela letra maiúscula correspondente, e nos acordes menores acrescentando um **m** (minúsculo). Ex. C - DÓ Maior e Cm - DÓ menor.

SINAIS CONVENCIONAIS PARA REPRESENTAR OS ACORDES
(EXEMPLO EM C - DÓ)

C	Lê-se	DÓ Maior	Cm	Lê-se	DÓ Menor
C5+	"	DÓ com 5.ª aumentada	Cm6	"	DÓ menor com sexta
C6	"	DÓ com sexta	C dim (C.º)	"	DÓ Sétima Diminuta
C7	"	DÓ Sétima (menor) Dominante	Cm7	"	DÓ menor Sétima
C7M	"	DÓ Sétima Maior	C9−(C79−)	"	DÓ com nona menor
C9(C79)	"	DÓ nona Maior			

(Assim em todos os tons)

ALGUNS ACORDES FORMADOS SOBRE A TÔNICA C - DÓ
(SOMENTE NO ESTADO FUNDAMENTAL)

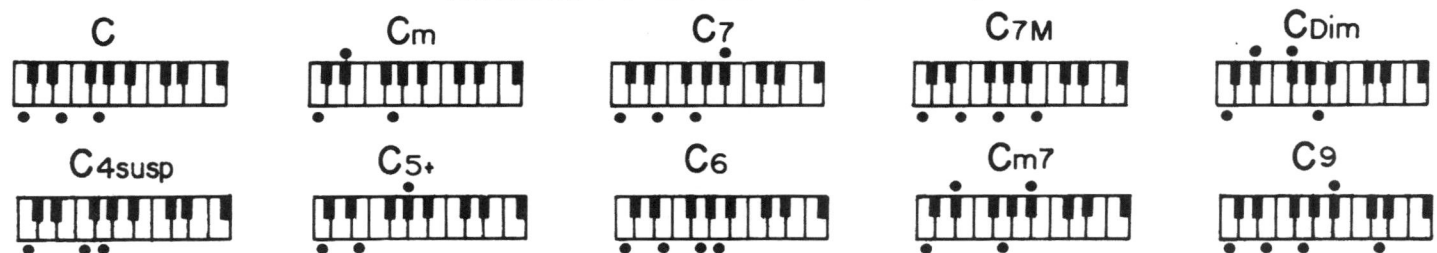

C Cm C7 C7M CDim

C4susp C5+ C6 Cm7 C9

Os acordes de C7, C7M e C9, podem ser simplificados, substituindo-os por C e os de Cm7 podem ser substituídos por Cm.

Para se formar o acorde de 4.ª Suspensa, retira-se a 3.ª do acorde (MI) e coloca-se a 4.ª que é o Fá (no tom de DÓ). Esta 4.ª chama-se Suspensa porque causa uma impressão de Suspense no acorde.

Os violonistas quase sempre substituem o acorde de Quinta Diminuta por 7.ª Diminuta. Ex: Cm5- por Cdim ou C.º.

ACORDES PARADOS E ARPEJADOS PARA PRINCIPIANTES

Para que os principiantes possam tocar todas as músicas desta Enciclopédia, deixo aqui uma pequena «Dica», que por certo vai dar-lhes a oportunidade de executar suas músicas, extravasando assim sua ansiedade de tocar, mesmo que seja de uma maneira fácil e simples. Como eles não podem ainda movimentar e produzir ritmos com os acordes da Mão Esquerda, aconselho tocar os Acordes Parados ou Arpejados. Deverão tocar somente as notas de cima da Melodia que está na Clave de Sol, observando as Cifras dos acordes e mudando-os todas as vezes que aparecer uma Cifra diferente.

MÃO ESQUERDA

C (Acorde Parado) — Sol Mi Dó

C (Acorde Arpejado) — Dó Mi Sol Mi Dó Mi Sol Mi

RONDA

F — Dó Lá Fá — Parado

Am — Mi Dó Lá — Parado

Am5- — Mib Dó Lá — Parado

D — Ré Fá# Lá — Arpejado etc.

O SEGREDO MARAVILHOSO DAS CIFRAS
E
COMO TOCAR A MÚSICA POPULAR POR CIFRAS

Para os interessados em executar a Música Popular por Cifras, recomendo adquirir duas obras importantes, onde serão encontrados todos os ensinamentos do SISTEMA CIFRADO: «O SEGREDO MARAVILHOSO DAS CIFRAS» e «COMO TOCAR A MÚSICA POPULAR POR CIFRAS», que se encontram no 3.º volume da obra: «120 Músicas Favoritas para Piano», de Mário Mascarenhas.

Também, será de muito proveito, para completar este estudo, adquirir o «MÉTODO DE ÓRGÃO ELETRÔNICO», do mesmo autor, onde contém as Cifras mais completas e com os acordes mais dissonantes.

VOLUME 1

ABISMO DE ROSAS
ÁGUAS DE MARÇO
ALEGRIA, ALEGRIA
AMANTE À MODA ANTIGA
AMIGO
A NOITE DO MEU BEM
APANHEI-TE, CAVAQUINHO
APELO
AQUARELA DO BRASIL
ARROMBOU A FESTA
AS ROSAS NÃO FALAM
ATRÁS DA PORTA
BACHIANAS BRASILEIRAS N° 5
BOA NOITE, AMOR
BOATO
CAÇADOR DE MIM
CAFÉ DA MANHÃ
CANÇÃO QUE MORRE NO AR
CARCARÁ
CARINHOSO
CAROLINA
CHÃO DE ESTRELAS
CIDADE MARAVILHOSA
CONCEIÇÃO
DÁ NELA
DE CONVERSA EM CONVERSA
DEUSA DA MINHA RUA
DISSE ME DISSE
DORINHA, MEU AMOR
DUAS CONTAS
EMOÇÕES
ESMERALDA
ESSES MOÇOS
ESTÃO VOLTANDO AS FLORES
ESTRADA DA SOLIDÃO
FESTA DO INTERIOR
FIM DE SEMANA EM PAQUETÁ
FIO MARAVILHA
FLOR AMOROSA
FOLHAS SÊCAS
GAROTA DE IPANEMA
GENTE HUMILDE
GOSTO QUE ME ENROSCO
INFLUÊNCIA DO JAZZ
JANGADEIRO
JANUÁRIA
JURA
LADY LAURA
LÁGRIMAS DE VIRGEM
LATA D'ÁGUA

LIGIA
LUAR DO SERTÃO
LUIZA
MARVADA PINGA
MATRIZ OU FINAL
MEU BEM QUERER
MEUS TEMPOS DE CRIANÇA
MODINHA
NA PAVUNA
NÃO DÁ MAIS PRA SEGURAR (EXPLODE CORAÇÃO)
NÃO EXISTE PECADO AO SUL DO EQUADOR
NÃO IDENTIFICADO
NOSSOS MOMENTOS
Ó ABRE ALAS
O BÊBADO E A EQUILIBRISTA
O MORRO NÃO TEM VEZ
ONDE ANDA VOCÊ
OS SEUS BOTÕES
O TEU CABELO NÃO NEGA
PARALELAS
PELA LUZ DOS OLHOS TEUS
PELO TELEFONE
PÉTALA
PRELÚDIO PARA NINAR GENTE GRANDE
QUANDO VIM DE MINAS
REFÉM DA SOLIDÃO
REGRA TRÊS
ROMARIA
RONDA
SAMBA EM PRELÚDIO
SE ELA PERGUNTAR
SEI LÁ MANGUEIRA
SERRA DA BOA ESPERANÇA
SERTANEJA
SE TODOS FOSSEM IGUAIS A VOCÊ
SÓ DANÇO SAMBA
SONS DE CARRILHÕES
SUBINDO AO CÉU
TERNURA ANTIGA
TICO-TICO NO FUBÁ
TRAVESSIA
TREM DAS ONZE
TROCANDO EM MIÚDOS
TUDO ACABADO
ÚLTIMO DESEJO
ÚLTIMO PAU DE ARARA
VALSINHA
VASSOURINHAS
VERA CRUZ
VIAGEM

VOLUME 2

- AÇAÍ
- A DISTÂNCIA
- A FLOR E O ESPINHO
- A MONTANHA
- ANDRÉ DE SAPATO NOVO
- ATÉ AMANHÃ
- ATÉ PENSEI
- ATRÁS DO TRIO ELÉTRICO
- A VIDA DO VIAJANTE
- BATIDA DIFERENTE
- BLOCO DA SOLIDÃO
- BONECA
- BREJEIRO
- CHEIRO DE SAUDADE
- CHICA DA SILVA
- CHOVE CHUVA
- CHUVA, SUOR E CERVEJA
- CHUVAS DE VERÃO
- CADEIRA VAZIA
- CANÇÃO DO AMANHECER
- CANTO DE OSSANHA
- DA COR DO PECADO
- DINDI
- DOMINGO NO PARQUE
- ELA É CARIOCA
- EU SONHEI QUE TU ESTAVAS TÃO LINDA
- EXALTAÇÃO À BAHIA
- EXALTAÇÃO A TIRADENTES
- FÉ
- FEITIÇO DA VILA
- FOI A NOITE
- FOLHAS MORTAS
- FORÇA ESTRANHA
- GALOS, NOITES E QUINTAIS
- HOJE
- IMPLORAR
- INÚTIL PAISAGEM
- JESUS CRISTO
- LAMENTOS
- LEMBRANÇAS
- MARIA NINGUÉM
- MARINA
- MAS QUE NADA
- MEU PEQUENO CACHOEIRO
- MEU REFRÃO
- MOLAMBO
- MULHER RENDEIRA
- MORMAÇO
- MULHER
- NOITE DOS NAMORADOS
- NO RANCHO FUNDO
- NOVA ILUSÃO
- Ó PÉ DE ANJO
- OBSESSÃO
- ODEON
- O DESPERTAR DA MONTANHA
- OLHOS VERDES
- O MENINO DE BRAÇANÃ
- O MUNDO É UM MOINHO
- ONDE ESTÃO OS TAMBORINS
- O ORVALHO VEM CAINDO
- O QUE É AMAR
- PAÍS TROPICAL
- PASTORINHAS
- PIERROT APAIXONADO
- PISA NA FULÔ
- PRA DIZER ADEUS
- PRA FRENTE BRASIL
- PRA QUE MENTIR?
- PRA SEU GOVERNO
- PRIMAVERA (VAI CHUVA)
- PROPOSTA
- QUASE
- QUANDO EU ME CHAMAR SAUDADE
- QUEREM ACABAR COMIGO
- RANCHO DA PRAÇA ONZE
- RETALHOS DE CETIM
- RETRATO EM BRANCO E PRETO
- RODA VIVA
- SÁBADO EM COPACABANA
- SAMBA DE ORFEU
- SÁ MARINA
- SAUDADES DE OURO PRETO
- SAUDOSA MALOCA
- SE ACASO VOCÊ CHEGASSE
- SEGREDO
- SEM FANTASIA
- TARDE EM ITAPOAN
- TATUAGEM
- TERRA SECA
- TESTAMENTO
- TORÓ DE LÁGRIMAS
- TRISTEZA
- TRISTEZAS NÃO PAGAM DÍVIDAS
- ÚLTIMA FORMA
- VAGABUNDO
- VAI LEVANDO
- VAMOS DAR AS MÃOS E CANTAR
- VÊ SE GOSTAS
- VIVO SONHANDO

VOLUME 3

A BAHIA TE ESPERA	MOCINHO BONITO
ABRE A JANELA	MORENA FLOR
ADEUS BATUCADA	MORRO VELHO
AGORA É CINZA	NA BAIXA DO SAPATEIRO (BAHIA)
ÁGUA DE BEBER	NA RUA, NA CHUVA, NA FAZENDA
AMADA AMANTE	NÃO TENHO LÁGRIMAS
AMIGA	NEM EU
AQUELE ABRAÇO	NESTE MESMO LUGAR
A RITA	NOITE CHEIA DE ESTRELAS
ASA BRANCA	NOSSA CANÇÃO
ASSUM PRETO	O AMOR EM PAZ
A VOLTA DO BOÊMIO	O MOÇO VELHO
ATIRASTE UMA PEDRA	O PEQUENO BURGUÊS
BARRACÃO	OPINIÃO
BERIMBAU	O PORTÃO
BODAS DE PRATA	O TIC TAC DO MEU CORAÇÃO
BOIADEIRO	PAZ DO MEU AMOR
BOTA MOLHO NESTE SAMBA	PEDACINHOS DO CÉU
BOTÕES DE LARANJEIRA	PIVETE
CAMINHEMOS	PONTEIO
CANSEI DE ILUSÕES	POR CAUSA DE VOCÊ MENINA
CAPRICHOS DE AMOR	PRA MACHUCAR MEU CORAÇÃO
CASA DE CABOCLO	PRIMAVERA
CASTIGO	PRIMAVERA NO RIO
CHORA TUA TRISTEZA	PROCISSÃO
COM AÇÚCAR, COM AFETO	QUEM TE VIU, QUEM TE VÊ
COM QUE ROUPA	QUE PENA
CONSELHO	QUE SERÁ
DEBAIXO DOS CARACÓIS DE SEUS CABELOS	REALEJO
DISSERAM QUE EU VOLTEI AMERICANIZADA	RECADO
DOIS PRA LÁ, DOIS PRA CÁ	REZA
ÉBRIO	ROSA
É COM ESSE QUE EU VOU	ROSA DE MAIO
ELA DISSE-ME ASSIM (VAI EMBORA)	ROSA DOS VENTOS
ESTRELA DO MAR (UM PEQUENINO GRÃO DE AREIA)	SAMBA DO ARNESTO
EU E A BRISA	SAMBA DO AVIÃO
EU DISSE ADEUS	SAMBA DO TELECO-TECO
EXALTAÇÃO À MANGUEIRA	SAMURAI
FALA MANGUEIRA	SAUDADE DA BAHIA
FAVELA	SAUDADE DE ITAPOAN
FOLHETIM	SE VOCÊ JURAR
GENERAL DA BANDA	SE NÃO FOR AMOR
GRITO DE ALERTA	SÓ LOUCO
INGÊNUO	TAJ MAHAL
LÁBIOS QUE BEIJEI	TEM MAIS SAMBA
LOUVAÇÃO	TRISTEZAS DO JECA
MANIAS	TUDO É MAGNÍFICO
ME DEIXE EM PAZ	VINGANÇA
MEU BEM, MEU MAL	VOCÊ
MEU MUNDO CAIU	ZELÃO

VOLUME 4

- ALÉM DO HORIZONTE
- AMOR CIGANO
- APENAS UM RAPAZ LATINO AMERICANO
- ARGUMENTO
- ARRASTA A SANDÁLIA
- ATIRE A PRIMEIRA PEDRA
- A VOZ DO VIOLÃO
- BAIÃO
- BAIÃO DE DOIS
- BANDEIRA BRANCA
- BEIJINHO DOCE
- CABELOS BRANCOS
- CAMA E MESA
- CAMISOLA DO DIA
- CANÇÃO DE AMOR
- CANTA BRASIL
- CASA DE BAMBA
- CASCATA DE LÁGRIMAS
- COMO É GRANDE O MEU AMOR POR VOCÊ
- COMEÇARIA TUDO OUTRA VEZ
- COMO DIZIA O POETA
- CONVERSA DE BOTEQUIM
- COPACABANA
- COTIDIANO
- CURARE
- DELICADO
- DESACATO
- DE PAPO PRO Á
- DE TANTO AMOR
- DISRITMIA
- DOCE DE CÔCO
- DÓ-RÉ-MI
- É LUXO SÓ
- EVOCAÇÃO
- FALTANDO UM PEDAÇO
- FEITIO DE ORAÇÃO
- GOSTAVA TANTO DE VOCÊ
- GOTA D'ÁGUA
- JARDINEIRA
- LAURA
- LEVANTE OS OLHOS
- LINDA FLOR
- LOBO BÔBO
- MANHÃ DE CARNAVAL
- MANINHA
- MENINO DO RIO
- MENSAGEM
- MEU CONSOLO É VOCÊ
- MIMI
- MINHA
- MINHA NAMORADA
- MINHA TERRA
- MULHERES DE ATENAS
- NA CADÊNCIA DO SAMBA
- NA GLÓRIA
- NADA ALÉM
- NÃO SE ESQUEÇA DE MIM
- NAQUELA MESA
- NÃO TEM SOLUÇÃO
- NATAL DAS CRIANÇAS
- NERVOS DE AÇO
- NINGUÉM ME AMA
- NONO MANDAMENTO
- NUNCA MAIS
- O BARQUINHO
- O CIRCO
- O INVERNO DO MEU TEMPO
- OLHA
- OLHOS NOS OLHOS
- O MAR
- O PATO
- O PROGRESSO
- O QUE EU GOSTO DE VOCÊ
- O SAMBA DA MINHA TERRA
- O SOL NASCERÁ
- O SURDO
- OS ALQUIMISTAS ESTÃO CHEGANDO
- OS QUINDINS DE YAYÁ
- PARA VIVER UM GRANDE AMOR
- PASSAREDO
- PÉROLA NEGRA
- PIERROT
- QUANDO
- QUEM HÁ DE DIZER
- RIO
- SAIA DO CAMINHO
- SE É TARDE ME PERDOA
- SONOROSO
- SUGESTIVO
- SÚPLICA CEARENSE
- TÁ-HI!
- TEREZINHA
- TEREZA DA PRAIA
- TRANSVERSAL DO SAMBA
- TRÊS APITOS
- ÚLTIMA INSPIRAÇÃO
- UPA NEGUINHO
- URUBÚ MALANDRO

VOLUME 5

ACALANTO
ACORDA MARIA BONITA
A FONTE SECOU
AGORA NINGUÉM CHORA MAIS
A JANGADA VOLTOU SÓ
ALÔ, ALÔ, MARCIANO
AOS PÉS DA CRUZ
APESAR DE VOCÊ
A PRIMEIRA VEZ
ARRASTÃO
AS CURVAS DA ESTRADA DE SANTOS
A TUA VIDA É UM SEGREDO
AVE MARIA (SAMBA)
AVE MARIA (VALSA)
AVE MARIA NO MORRO
BALANÇO DA ZONA SUL
BASTIDORES
BEM-TE-VI ATREVIDO
BLOCO DO PRAZER
BORANDÁ
BRASILEIRINHO
BRASIL PANDEIRO
CABOCLO DO RIO
CASTIGO
CAMISA LISTADA
CAPRICHOS DO DESTINO
CHOVE LÁ FORA
CHUÁ-CHUÁ
COMO NOSSOS PAIS
CONSTRUÇÃO
COTIDIANO Nº 2
DANÇA DOS SETE VÉUS (SALOMÉ)
DETALHES
DIA DE GRAÇA
DOCE VENENO
DORA
EMÍLIA
ESSE CARA
EU AGORA SOU FELIZ
EU BEBO SIM
EU TE AMO MEU BRASIL
EXPRESSO 2222
FALSA BAIANA
FERA FERIDA
FIM DE CASO
FITA AMARELA
FOI UM RIO QUE PASSOU EM MINHA VIDA
FOLIA NO MATAGAL
GAVIÃO CALÇUDO
GAÚCHO (CORTA JACA)

HOMEM COM H
HOMENAGEM AO MALANDRO
INQUIETAÇÃO
INSENSATEZ
JARRO DA SAUDADE
JOÃO E MARIA
KALÚ
LUA BRANCA
MÁGOAS DE CABOCLO (CABOCLA)
MARIA
MARINGÁ
MEIGA PRESENÇA
MENINA MOÇA
MEU CARIRI
MEU CARO AMIGO
MORENA DOS OLHOS D'ÁGUA
MULATA ASSANHADA
NÃO DEIXE O SAMBA MORRER
NÃO ME DIGA ADEUS
NEGUE
NICK BAR
NINGUÉM É DE NINGUÉM
NUNCA
OCULTEI
O QUE SERÁ (A FLOR DA TERRA)
O SHOW JÁ TERMINOU
O TROVADOR
OUÇA
PALPITE INFELIZ
PENSANDO EM TI
PONTO DE INTERROGAÇÃO
POR CAUSA DE VOCÊ
PRA VOCÊ
QUANDO AS CRIANÇAS SAÍREM DE FÉRIAS
QUE MARAVILHA
RISQUE
RAPAZIADA DO BRAZ
SAMBA DA BENÇÃO
SAUDADE DE PÁDUA
SAUDADE FEZ UM SAMBA
SE QUERES SABER
SÓ COM VOCÊ TENHO PAZ
SORRIS DA MINHA DOR
SUAS MÃOS
TIGRESA
VELHO REALEJO
VOCÊ ABUSOU
VOCÊ EM MINHA VIDA
VOLTA POR CIMA
XICA DA SILVA

VOLUME 6

A BANDA
AS CANÇÕES QUE VOCÊ FEZ PRA MIM
AH! COMO EU AMEI
AI! QUEM ME DERA
ALGUÉM COMO TU
ALGUÉM ME DISSE
ALÔ ALÔ
ANDANÇA
ANOS DOURADOS
AVENTURA
BILHETE
CHARLIE BROWN
CABELOS NEGROS
CACHOEIRA
CAMUNDONGO
CANÇÃO DA MANHÃ FELIZ
CANÇÃO DA VOLTA
CHEGA DE SAUDADE
CHORA CAVAQUINHO
CHOVENDO NA ROSEIRA
CHUVA DE PRATA
COISAS DO BRASIL
COMEÇAR DE NOVO
CORAÇÃO APAIXONADO
CORAÇÃO APRENDIZ
CORAÇÃO ATEU
CORAÇÃO DE ESTUDANTE
CORCOVADO
DÁ-ME
DE VOLTA PRO ACONCHEGO
DEIXA
DEIXA EU TE AMAR
DESAFINADO
É DOCE MORRER NO MAR
ENCONTROS E DESPEDIDAS
ESTA NOITE EU QUERIA QUE O MUNDO ACABASSE
EU SEI QUE VOU TE AMAR
EU SÓ QUERO UM XODÓ
EU TE AMO
ESCRITO NAS ESTRELAS
FLOR DE LIS
ISTO AQUI O QUE É
JURAR COM LÁGRIMAS
KID CAVAQUINHO
LUA E ESTRELA
LUAR DE PAQUETÁ
LUZ DO SOL
MARIA MARIA
MÁSCARA NEGRA
MINHA PALHOÇA (SE VOCÊ QUIZESSE)
MISTURA
MORENA BOCA DE OURO
NANCY
NO TABULEIRO DA BAIANA
NOS BAILES DA VIDA
NOITES CARIOCAS
NOSSA SENHORA DAS GRAÇAS
O "DENGO" QUE A NEGA TEM
O MENINO DA PORTEIRA
O SANFONEIRO SÓ TOCAVA ISSO
O TRENZINHO DO CAIPIRA
OS PINTINHOS NO TERREIRO
ODARA
ORGULHO
OUTRA VEZ
OVELHA NEGRA
PAPEL MARCHÉ
PEDIDO DE CASAMENTO
PEGA RAPAZ
PISANDO CORAÇÕES
PRECISO APRENDER A SER SÓ
PRIMEIRO AMOR
QUE BATE FUNDO É ESSE?
QUERO QUE VÁ TUDO PRO INFERNO
QUIXERAMOBIM
RASGUEI O TEU RETRATO
SABIÁ
SAMBA DE UMA NOTA SÓ
SAMBA DE VERÃO
SAMBA DO CARIOCA
SAMBA DO PERDÃO
SAXOFONE, PORQUE CHORAS?
SE DEUS ME OUVISSE
SE EU QUISER FALAR COM DEUS
SEI QUE É COVARDIA... MAS
SENTADO À BEIRA DO CAMINHO
SERENATA SUBURBANA
SETE MARIAS
SINA
SOLIDÃO
TRISTEZA DANADA
UM A ZERO (1 x 0)
VAI PASSAR
VIDE VIDA MARVADA
VIOLA ENLUARADA
VIOLÃO NÃO SE EMPRESTA A NINGUÉM
VOCÊ E EU
WAVE
ZÍNGARA
ZINHA

VOLUME 7

A FELICIDADE
A MAJESTADE O SABIÁ
A SAUDADE MATA A GENTE
A VOZ DO MORRO
ÁLIBI
ALMA
ANDORINHA PRETA
ANTONICO
AS PRAIAS DESERTAS
AS VOZES DOS ANIMAIS
AVE MARIA
AZUL
AZUL DA COR DO MAR
BABY
BANDEIRA DO DIVINO
BALADA DO LOUCO
BALADA TRISTE
BATUQUE NO MORRO
BEIJO PARTIDO
BOLINHA DE PAPEL
BONECA DE PIXE
BRANCA
CAMISA AMARELA
CANÇÃO DA AMÉRICA
CASA NO CAMPO
CASINHA DA MARAMBAIA
CÉU E MAR
COMO UMA ONDA
COMO VAI VOCÊ
CORAÇÃO APRENDIZ
DAS ROSAS
DE CORAÇÃO PRA CORAÇÃO
DENTRO DE MIM MORA UM ANJO
DESLIZES
DEZESSETE E SETECENTOS
ERREI, ERRAMOS
ESQUINAS
EU DARIA MINHA VIDA
EU TE AMO VOCÊ
ÊXTASE
FICA COMIGO ESTA NOITE
FOI ELA
FOGÃO
GAROTO MAROTO
IZAURA
JUVENTUDE TRANSVIADA
LAMPIÃO DE GÁS
LAPINHA
LEVA MEU SAMBA (MEU PENSAMENTO)
LILÁS

LONDON LONDON
MADALENA
MAMÃE
MARCHA DA QUARTA-FEIRA DE CINZAS
MOÇA
MORO ONDE NÃO MORA NINGUÉM
MUITO ESTRANHO
NADA POR MIM
NADA SERÁ COMO ANTES
NAMORADINHA DE UM AMIGO MEU
NÃO QUERO VER VOCÊ TRISTE
NEM MORTA
NÓS E O MAR
O LADO QUENTE DO SER
O QUE É QUE A BAIANA TEM
O TREM AZUL
OS MENINOS DA MANGUEIRA
PALCO
PÃO E POESIA
PARA LENNON E McCARTNEY
PEDE PASSAGEM
PEGANDO FOGO
PEGUEI UM "ITA" NO NORTE
POEMA DAS MÃOS
PRA COMEÇAR
PRA NÃO DIZER QUE NÃO FALEI DAS FLORES
QUEM É
QUEM SABE
RAPAZ DE BEM
RECADO
ROQUE SANTEIRO
ROSA MORENA
ROTINA
SAMPA
SANGRANDO
SAUDADES DE MATÃO
SEDUZIR
SÓ EM TEUS BRAÇOS
SÓ TINHA DE SER COM VOCÊ
SORTE
TELEFONE
TEMA DE AMOR DE GABRIELA
TRISTE MADRUGADA
UM DIA DE DOMINGO
UM JEITO ESTÚPIDO DE TE AMAR
UMA NOITE E MEIA
VAGAMENTE
VOCÊ É LINDA
VOLTA
XAMEGO

VOLUME 8

A LENDA DO ABAETÉ
A LUA E EU
A VOLTA
ADOCICA
AGUENTA CORAÇÃO
AI! QUE SAUDADES DA AMÉLIA
AMANHÃ
AMÉRICA DO SUL
ANTES QUE SEJA TARDE
AZULÃO
BACHIANAS BRASILEIRAS nº4
BAHIA COM H
BANDOLINS
BANHO DE CHEIRO
BEATRIZ
BOI BUMBÁ
CAIS
CANÇÃO DA CRIANÇA
CANÇÃO DO AMOR DEMAIS
CODINOME BEIJA-FLOR
COM MAIS DE 30
COMUNHÃO
CORAÇÃO DE PAPEL
DANÇANDO LAMBADA
DESABAFO
DESESPERAR JAMAIS
DISPARADA
DONA
EGO
ESMOLA
ESPANHOLA
ESPINHA DE BACALHAU
ETERNAS ONDAS
EU DEI
EU NÃO EXISTO SEM VOCÊ
FACEIRA
FÃ Nº 1
FANATISMO
FARINHADA
FLOR DO MAL
FOI ASSIM
FORRÓ NO CARUARÚ
FRACASSO
FUSCÃO PRETO
GOSTOSO DEMAIS
GITA
HINO DO CARNAVAL BRASILEIRO
ILUSÃO À TOA
ISTO É LÁ COM SANTO ANTÔNIO
JURA SECRETA

LÁBIOS DE MEL
LEVA
LINHA DO HORIZONTE
LUA E FLOR
LUZ NEGRA
ME CHAMA
MEIA LUA INTEIRA
MERGULHO
MEU QUERIDO, MEU VELHO, MEU AMIGO
MEU MUNDO E NADA MAIS
MEXERICO DA CANDINHA
MUCURIPE
NA BATUCADA DA VIDA
NA HORA DA SEDE
NA SOMBRA DE UMA ÁRVORE
NÓS QUEREMOS UMA VALSA
NUVEM DE LÁGRIMAS
O AMANHÃ
O HOMEM DE NAZARETH
OLÊ - OLÁ
O MESTRE SALA DOS MARES
O SAL DA TERRA
OCEANO
ONDE ESTÁ O DINHEIRO?
O XÓTE DAS MENINAS
PEDRO PEDREIRO
PEQUENINO CÃO
PIOR É QUE EU GOSTO
PODRES PODERES
QUEM AMA, NÃO ENJOA
REALCE
REVELAÇÃO
SÁBADO
SAIGON
SAUDADE
SEM COMPROMISSO
SCHOTTIS DA FELICIDADE
SIGA
SURURÚ NA CIDADE
TALISMÃ
TEM CAPOEIRA
TETÊ
TIETA
UMA LOIRA
UMA NOVA MULHER
UNIVERSO NO TEU CORPO
VERDADE CHINESA
VIDA DE BAILARINA
VOCÊ JÁ FOI À BAHIA?
VITORIOSA

VOLUME 9

A COR DA ESPERANÇA
A PAZ
ACONTECE
ACONTECIMENTOS
ADMIRÁVEL GADO NOVO
AMOR DE ÍNDIO
AMOROSO
AOS NOSSOS FILHOS
APARÊNCIAS
ARREPENDIMENTO
AVES DANINHAS
BAIÃO CAÇULA
BAILA COMIGO
BANHO DE ESPUMA
BEIJA-ME
BIJUTERIAS
BOAS FESTAS
BOM DIA TRISTEZA
BRIGAS NUNCA MAIS
BRINCAR DE VIVER
CÁLICE
CASINHA BRANCA
CASO COMUM DE TRÂNSITO
CHOROS Nº 1
COISA MAIS LINDA
COMEÇO, MEIO E FIM
CORAÇÃO LEVIANO
CORRENTE DE AÇO
DÁ-ME TUAS MÃOS
DE ONDE VENS
DEVOLVI
DOLENTE
E NADA MAIS
E SE
ESPELHOS D´ÁGUA
ESPERE POR MIM, MORENA
ESTÁCIO HOLLY ESTÁCIO
ESTRANHA LOUCURA
EU APENAS QUERIA QUE VOCÊ SOUBESSE
FACE A FACE
FAZ PARTE DO MEU SHOW
FÉ CEGA, FACA AMOLADA
FEIA
FEIJÃOZINHO COM TORRESMO
FIM DE NOITE
FITA MEUS OLHOS
FOI ASSIM
FOTOGRAFIA
GUARDEI MINHA VIOLA
HOMENAGEM A VELHA GUARDA

IDEOLOGIA
ILUMINADOS
JOU-JOU BALANGANDANS
LAMENTO NO MORRO
LINDO BALÃO AZUL
LINHA DE PASSE
MALUCO BELEZA
MANHÃS DE SETEMBRO
MANIA DE VOCÊ
MEDITAÇÃO
MEU DRAMA
MINHA RAINHA
MORRER DE AMOR
NOSTRADAMUS
O POETA APRENDIZ
O TREM DAS SETE
OLHE O TEMPO PASSANDO
ORAÇÃO DE MÃE MENININHA
PEDAÇO DE MIM
PEGUEI A RETA
PELO AMOR DE DEUS
PERIGO
POXA
PRANTO DE POETA
PRECISO APRENDER A SÓ SER
PRELÚDIO
PRELÚDIO Nº 3
PRO DIA NASCER FELIZ
QUALQUER COISA
QUANDO O TEMPO PASSAR
RANCHO DO RIO
RATO RATO
RENÚNCIA
RIO DE JANEIRO (ISTO É MEU BRASIL)
SAUDADE QUERIDA
SEM PECADO E SEM JUÍZO
SENTINELA
SEPARAÇÃO
SEREIA
SERENATA DA CHUVA
SOL DE PRIMAVERA
SOMOS IGUAIS
SONHOS
SORRIU PRA MIM
TELETEMA
TODA FORMA DE AMOR
TODO AZUL DO MAR
TRISTEZA DE NÓS DOIS
UM SER DE LUZ
UMA JURA QUE FIZ

VOLUME 10

- A LUA QUE EU TE DEI
- A MULHER FICOU NA TAÇA
- A TERCEIRA LÂMINA
- ACELEROU
- ALVORECER
- AMAR É TUDO
- ASSIM CAMINHA A HUMANIDADE
- AVE MARIA DOS NAMORADOS
- BLUES DA PIEDADE
- BOM DIA
- BYE BYE BRASIL
- CALÚNIA
- CASO SÉRIO
- CHORANDO BAIXINHO
- CHUVA
- CIGANO
- CIRANDEIRO
- CLUBE DA ESQUINA Nº 2
- COISA FEITA
- COR DE ROSA CHOQUE
- CORAÇÃO VAGABUNDO
- DEUS LHE PAGUE
- DEVOLVA-ME
- DIVINA COMÉDIA HUMANA
- DOM DE ILUDIR
- É DO QUE HÁ
- É O AMOR
- ENTRE TAPAS E BEIJOS
- ESPERANDO NA JANELA
- ESQUADROS
- ESTE SEU OLHAR
- ESTRADA AO SOL
- ESTRADA DA VIDA
- EU VELEJAVA EM VOCÊ
- FEITINHA PRO POETA
- FEZ BOBAGEM
- FORMOSA
- FULLGAS
- GOOD BYE BOY
- INFINITO DESEJO
- IRACEMA
- JOÃO VALENTÃO
- JUÍZO FINAL
- LANÇA PERFUME
- LATIN LOVER
- LEÃO FERIDO
- LUA DE SÃO JORGE
- LUZ E MISTÉRIO
- MAIS FELIZ
- MAIS UMA VALSA, MAIS UMA SAUDADE
- MALANDRAGEM
- MENTIRAS
- METADE
- METAMORFOSE
- MINHA VIDA
- MINHAS MADRUGADAS
- NÃO ME CULPES
- NÃO TEM TRADUÇÃO
- NAQUELA ESTAÇÃO
- NÚMERO UM
- O QUE É, O QUE É
- O QUE TINHA DE SER
- O SONHO
- O TEMPO NÃO PARA
- OBA LA LA
- ONTEM AO LUAR
- OURO DE TOLO
- PARTIDO ALTO
- PAU DE ARARA
- PEDACINHOS
- PELA RUA
- PENSAMENTOS
- PODER DE CRIAÇÃO
- POR CAUSA DESTA CABOCLA
- POR ENQUANTO
- POR QUEM SONHA ANA MARIA
- PORTA ESTANDARTE
- PRA QUE DINHEIRO
- PRAÇA ONZE
- PRECISO DIZER QUE TE AMO
- PRECISO ME ENCONTRAR
- PUNK DA PERIFERIA
- RAINHA PORTA-BANDEIRA
- RESPOSTA AO TEMPO
- RIO
- SE...
- SEI LÁ A VIDA TEM SEMPRE RAZÃO
- SENTIMENTAL DEMAIS
- SERENATA DO ADEUS
- SINAL FECHADO
- SÓ PRA TE MOSTRAR
- SOZINHO
- SUAVE VENENO
- TRISTE
- VALSA DE REALEJO
- VIAGEM
- VILA ESPERANÇA
- VOCÊ
- VOU VIVENDO